PETITE
BIBLIOTHÈQUE
CHOISIE
ET CLASSÉE MÉTHODIQUEMENT,
OU
CATALOGUE RAISONNÉ
D'OUVRAGES DANS TOUS LES GENRES,

Propres à composer une collection précieuse,
peu volumineuse.

A PARIS,

Chez {
VILLIER, rue des Mathurins, n.° 396.
DESESSARTS, Libraire, rue du Théâtre
français, n.° 9, au coin de la Place.

Et se trouve A VESOUL,

Chez LÉPAGNEZ frères, Libraires, Place-Neuve.

1800. — AN VIII.

AVERTISSEMENT.

POUR répondre au désir de plusieurs personnes qui nous ont demandé une liste d'ouvrages peu nombreux, mais propres à composer une petite bibliothèque à peu près complette, nous avons extrait du MANUEL BIBLIOGRAPHIQUE les articles les plus essentiels, et, pour ainsi dire, indispensables à celui qui veut se familiariser avec les connaissances humaines les plus intéressantes. Nous avons laissé de côté les ouvrages anciens ou étrangers qui ne sont pas traduits, ceux qui sont rares, singuliers ou de fantaisie, ainsi que ceux que le luxe typographique fait centupler de valeur ; nous nous sommes bornés à ce qui nous a paru généralement reconnu pour bon, ayant soin d'éviter les éditions contrefaites. Nous avons indiqué un ou deux ouvrages sur chacun des objets suivans : Religions, Jurisprudence, Philosophie, Morale, Economie, Politique, Physique, Histoire naturelle, Médecine, Chymie, Mathématiques, Astronomie, Musique, Dessin, Peinture, Architecture, Belles-Lettres, Grammaire, Logique, Orateurs, Poëtes, Théâtre, Romans, Polygraphie, Géographie, Voyages, Chronologie, Histoire, Antiquités, Histoire littéraire, Bibliographie. Le catalogue qui suivra, suppléera à la brièveté de cette petite Bibliothèque.

Cette petite Bibliothèque est entièrement tirée du Manuel Bibliographique *, ouvrage dans lequel on trouve , outre le Catalogue suivant , des notices instructives et curieuses sur la connaissance des Bibliothèques anciennes et modernes , sur la classification des livres , sur les principaux ouvrages à consulter dans les écoles centrales, etc. etc. Par* GABRIEL PEIGNOT, *Bibliothècaire de la Haute-Saône,* 1 *vol. in·8.º aux mémes adresses.*

PETITE
BIBLIOTHÈQUE
CHOISIE
ET CLASSÉE MÉTHODIQUEMENT.

RELIGIONS.

Hɪsᴛᴏɪʀᴇ ɢᴇ́ɴᴇ́ʀᴀʟᴇ des cérémonies religieuses, mœurs et coutumes de tous les peuples
du monde, représentées en 243 figures, dessinées de la main de Bernard Picart, avec des
explications historiques et curieuses , par
l'abbé Banier et l'abbé Lemascrier. Paris,
Rollin fils , 1741 , 7 vol. in-folio, 120 fr.

Ce tableau de la fourberie, de la crédulité , de la
folie et de la barbarie des hommes (1), tire tout son
éclat du burin de B. Picart ; le discours est faible.
Les premières épreuves des planches sont magnifiques.
(Voyez l'édition d'Amsterdam , 1723, 9 vol. in-fol.)
On ajoute ordinairement à ce bel ouvrage l'histoire
des superstitions , 2 vol. in-folio. La dernière édition
des cérémonies religieuses , en 4 vol. in-fol. , ne peut
être citée ; les planches sont usées et retouchées.

_____

(1) Je n'entends point parler des deux premiers volumes qui
traitent des religions d'Europe.

Commentaire littéral de la Bible , inséré dans la traduction française , avec le texte latin inséré à la marge. Paris, 1701—1716, 24 vol. in-12; ou 1750, 6 vol. in-4°. avec cartes et figures. 40 fr.

Cette traduction , par le P. Carrières , est la meilleure et la plus estimée, ainsi que celle de Lemaître, de Sacy, 1711, 8 vol. in-12. Celle de Legros et les commentaires de Calmet jouissent aussi d'une réputation justement acquise.

Histoire du peuple de Dieu , tirée des seuls livres saints , par Joseph-Isaac Berruyer. Paris , 14 vol. in-4°. ou 23 vol. in-12 , 60 fr.

Ce nombre de volumes renferme trois parties , 1°. l'histoire des Juifs jusqu'à J.-C. , 8 vol. in-4°. ou 10 vol. in-12 ; 2°. histoire du peuple chrétien , 4 vol. in-4°. ou 8 vol. in-12 , 3°. paraphrase littérale des épîtres des apôtres , 2 vol. in-4°. ou 5 vol. in-12. De ces trois ouvrages de Berruyer , on préfère le premier : il est écrit avec une élégance et une richesse d'imagination qui quelquefois a effarouché les sévères partisans du style simple de l'écriture sainte.

Les éditions les plus curieuses de la Bible , à cause des figures , sont , 1°. celle de Mortier, Anvers, 1700, 2 vol. in-folio avec 424 figures ; 2°. celle de Basnage , Amsterdam , 1704, 1 vol. in-folio, belles figures ; 3.° celle de Saurin , 1720 , 6 vol. in-folio , superbes fig. ; 4°. celle de Defer, de Maison-Neuve, in-8°. belles fig. , pas encore terminée.

Le dictionnaire de Calmet , 1730 , 4 vol. in-folio,

et la physique sacrée de Scheuchzer , Amsterdam, Mortier, 1732 , 8 vol. in-folio , sont encore deux ouvrages précieux par la beauté des gravures.

On peut prendre une idée des religions étrangères au christianisme dans les trois ouvrages suivans :

Le Koran , traduit de l'arabe , accompagné de notes et précédé d'un abrégé de la vie de Mahomet, tiré des écrivains orientaux les plus estimés , par Savary, 1782, 2 vol. in-8.°

Zenda-Vesta , ouvrage de Zoroastre , contenant les idées théologiques , physiques et morales de ce législateur ; traduit en français sur l'original , avec des remarques , par Anquetil du Perron. Paris, 1769--1771, 5 vol. in-4°.

Le Chouking , un des livres sacrés des Chinois : ouvrage recueilli par Confucius , traduit et enrichi de notes par feu le P. Gaubil , revu et corrigé sur le texte chinois , par Deguignes. Paris , 1770 , 1 vol. in-4°.

Le Bhagua-geeta , contenant un précis de la religion des indiens , 1 vol. in-8.°

Origine de tous les cultes , ou religion universelle , par Dupuis. Paris, Agasse, an 4 , 10 vol. in-8°. , atlas in-4°. , 25 fr.

Beaucoup d'érudition , des systêmes un peu hasardés : ils frappent à coups redoublés sur d'autres systêmes.

JURISPRUDENCE.

Les vies des plus célèbres jurisconsultes de toutes les nations, par Taisand. Paris, 1731, 1 vol. in-4° , 6 fr.

Ce livre peut être considéré comme une histoire universelle de la jurisprudence, et peut servir d'introduction aux traités sur cette partie. Il est très-estimé et passe pour un des meilleurs ouvrages de Taisand, qui a encore fait *l'histoire du droit romain, coutume générale de Bourgogne, avec un commentaire,* etc.

De l'origine des lois, du progrès des arts et des sciences, pour servir d'introduction à l'esprit des lois, par Goguet. Paris, 1758, avec fig., 3 vol. in-4°., 18 fr.

Recherches infinies, profonde érudition, style convenable, travail immense : voilà ce que l'on trouve dans cet ouvrage, voilà de quoi faire regretter Goguet mort dans la force de l'âge. Il avait commencé un traité sur *l'origine et les progrès des lois, des arts et des sciences en France, depuis le commencement de la monarchie jusqu'à nos jours.* L'ouvrage ci-dessus n'est que pour les peuples anciens puisqu'il ne va que jusqu'à Cyrus.

Œuvres complettes de Montesquieu. Paris, Gueffier, 1796, 5 vol. in-8°., 15 fr.

La grande réputation de ce philosophe, présagée dès les premières lignes qu'il a tracées, s'augmentera de siècle en siècle. C'est en vain que la critique, l'envie et l'ignorance ont voulu ronger le piédestal de cet illustre écrivain, de ce profond législateur : Montesquieu, d'un regard les a foudroyées, et l'Europe entière le venge encore chaque jour, en dévorant ses productions immortelles.

Nouvelle traduction des Instituts de Justinien , avec des observations pour l'intelligence du texte , l'application du droit français au droit romain , et la conférence de l'un avec l'autre , par C. J. de Ferriere , 1770 , 7 vol. in-12.

Il est inutile de s'étendre sur le mérite de cet ouvrage ; le grand nombre des éditions , l'usage journalier dont il était et dont il est encore sous beaucoup de rapports , en font suffisamment l'éloge.

Les Lois civiles dans leur ordre naturel ; le Droit public, *et legum delectus*; par M. Domat , nouvelle édition revue, corrigée et augmentée, par MM. de Héricourt , Bouchevret , Berroyer, Chevalier et de Jouy , tous avocats. Paris, Cavelier , 1771 , 2 tom. en 1 vol. in-folio , 12 fr.

Méditez cet ouvrage si justement apprécié , vous qui vous destinez à parcourir la carrière du barreau ; avec Domat vous ne vous égarerez pas ; sans Domat vous ferez souvent des faux pas.

Œuvres de Pothier , conseiller au présidial d'Orléans, etc. Paris, Debure , 1773 , 7 vol. in-4°., ou , 1772 , 23 vol. in-12.

Tous les ouvrages de Pothier ont été et sont encore pour la plupart d'une utilité incontestable ; mais on remarque sur-tout son traité des obligations , qui passe pour un chef-d'œuvre.

Répertoire universel de Jurisprudence , mis en

ordre, par Guyot de Merville. Paris, Visse, 1784, 17 vol. in-4°., 96 fr.

C'est le plus beau monument élevé à l'ancienne jurisprudence par des hommes célèbres. La révolution a battu en ruine ce vaste édifice ; malgré cela il en reste encore des morceaux précieux et qui seront de tous les tems.

PHILOSOPHIE , MORALE.

Histoire critique de la Philosophie, ou l'on traite de son origine , de ses progrès et des diverses révolutions qui lui sont arrivées jusqu'à notre tems; par Henri-François Boureau-Deslandes. Paris, 1756, 4 vol. in-12.

. Cet ouvrage est précieux, quoi qu'en dise Sabatier ; l'auteur connaissait à fond les hommes et les opinions, et il a fait preuve d'un grand talent et d'une vaste érudition.

Essais de Théodicée sur la bonté de Dieu , la liberté de l'homme. 1760, 2 vol. in-12, 4 fr.

La Théodicée suffirait seule pour représenter Leibnitz, le plus laborieux et le plus universel de tous les philosophes; une lecture immense , des anecdotes curieuses sur les livres et sur les personnes , des vues sublimes et lumineuses, un style où la force domine , et cependant où sont admis les agrémens d'une imagination heureuse : tel est le jugement que porte Fontenelle de cet ouvrage. C'est-là que Leibnitz prétend que Dieu ayant comparé tous les mondes possibles, il a préféré celui qui existe actuellement ; parce que , tout considéré , c'est celui qui renferme le plus de bien et le moins de mal. Tout le monde serait - il de cet avis ? Cette édition est donnée par Jaucourt.

Essai sur l'entendement humain , traduit de l'Anglais, de Locke , par Coste, 1729, 1 vol. in-4°. ou 4 vol. in-12.

Rien de plus profond et de plus hardi que la métaphysique qui règne dans cet ouvrage ; il est un chef-d'œuvre de clarté , de précision et de méthode.

Essais de Montaigne. Paris , chez Langlois et Gueffier , 1796, 4 vol. in-8°. , 12 fr.

Ces essais ont été pour nos philosophes modernes une mine féconde qu'ils ont travaillée sourdement , et qui les a plus enrichis qu'on ne pense. Conversez souvent avec Montaigne et vous vous enrichirez aussi. Que son vieux langage ne vous décourage pas : vous ne feriez pas difficulté de lever un vieux tapis usé et plein de poussière , pour ramasser des pierres précieuses qu'il recélerait.

Caractères de Théophraste , traduits du grec ; nouvelle édition revue , corrigée et augmentée de la vie de l'auteur , de notes et de remarques littéraires , des chapitres XXIX et XXX qui paraissent pour la première fois, etc. Par Belin de Ballu. Paris , Bastien, 1790 , 1 vol. in-8.° , 2 fr.

Caractères de la Bruyere , nouvelle édition ,

revue par Belin de Ballu , à laquelle il a été ajouté différens morceaux intéressans , et dans laquelle toutes les explications connues sous le nom de clef des caractères sont mises par ordre de citation. Paris , Bastien , 1790 , 2 vol. in-8.° 5 f.

Œuvres morales de François , duc de la Roche-foucault , suivies d'observations et d'un sup-plément destiné à servir de correctif à ses maximes ; par Agricola de Fortia. Basle , Decker , 1798 , 1 vol. in-8.° , 3 f.

Une bibliothèque sans ces trois ouvrages serait une jolie chambre sans glace. Ah ! Labruyere , la nature vous a prodigué ses pinceaux , et vous avez donné à vos tableaux un vernis magique qui les conservera long-tems.

Les maximes de la Rochefoucault , dit Voltaire , ont accoutumé à penser et à renfermer ses pensées dans un tour vif , précis et délicat.

Œuvres de Sterne , traduit de l'anglais , par Defrenais , de Bonnay et Salaville. Paris , Deterville , 1796 , 14 fig. , 7 vol. in-12 , 12 fr.

Cet original n'est pas à la portée de tout le monde. Chacun en parle , beaucoup l'achètent , quelques-uns le lisent et peu l'entendent. Je voudrais que Sterne fût Français.

Les Nuits et œuvres diverses d'Edouard Young , traduites par le Tourneur. Paris , 1769 , avec 4 fig. , 4 vol. in-8°. , 12 fr.

Avez-vous du chagrin, de la mélancolie ? la vie vous pèse-t-elle ? Lisez Young, mais lisez-le doucement, savourez-le ; bientôt vous vous éleverez au dessus des choses terrestres avec lui ; il meublera votre imagination d'idées sublimes, et il versera dans votre ame le baume de la consolation.

Œuvres complettes de Plutarque, suivant la traduction d'Amyot ; nouvelle édition plus complette que les précédentes. Paris, J. F. Bastien, 1786, 18 vol. in-8°., 60 fr.

Il y a peu d'ouvrages dont la réputation soit aussi brillante, aussi justement acquise et aussi solide. L'auteur et le traducteur marchent de front à la célébrité, et le naïf Amyot, malgré son costume gothique se fait préférer à tous ceux qui ont essayé d'habiller Plutarque à la moderne. On connaît plusieurs éditions précieuses de ce bel ouvrage : celle de Vascosan, 1567 et 1574, 14 vol. in-8°., et celle de Cussac avec les notes de Brottier et de Vauvilliers, 1783, 22 vol. in-8°., fig.

Œuvres d'Helvetius. Paris, Dugour, 1793, 10 vol. in-12, 12 fr.

La bienfaisance et la philosophie dirigeaient son cœur et sa plume. Il doit à ses vertus et à son rang de n'avoir pas été continuellement harcelé par les ennemis des Voltaire, des Diderot, des la Harpe, etc. etc.

ÉCONOMIE.

La nouvelle Maison rustique, ou Economie rurale, pratique et générale de tous les biens de campagne. Nouvelle édition, par J. F. Bastien, Paris, 1798, 3 vol. in-4°., 30 fr.

Si vous n'avez pas le Cours d'Agriculture de Rozier ; le Dictionnaire des Jardiniers, par Miller, les Œuvres d'Agriculture de Duhamel, etc., ayez au moins cette Nouvelle Maison rustique ; elle est précieuse par les augmentations qu'y a faites Bastien, tant pour le discours que pour les planches.

Education pratique: traduction libre de l'anglais, de Maria Edgeworth ; par Charles Pictet de Genève. Paris, Magimel, an 8, 1 vol. in-8°., 5 fr.

On regarde cet ouvrage comme un phénomène ; il est fort d'idées, il fait réfléchir, il donne d'excellentes leçons ; enfin, il prouve que son auteur joint à une longue pratique, des connaissances très-étendues, un esprit net et réfléchi, et un jugement sain.

Dictionnaire universel de la Géographie commerçante, rédigé par le citoyen Peuchet, auteur du Dictionnaire de Police, de l'Encyclopédie méthodique. Paris, Blanchon, an 7 et suiv. 5 vol in-4.° 60 fr.

Rien de plus étendu, de plus clair et de plus instructif sur le commerce que cet intéressant ouvrage. L'introduction dont ce dictionnaire est précédé, est le tableau historique le plus complet des progrès de la navigation, du commerce, de l'agriculture, des fabriques, des institutions relatives au commerce et des lois de la propriété. Les manuscrits précieux du Dictionnaire de Commerce de l'abbé Morellet sont fondus dans ce grand ouvrage.

POLITIQUE.

La Politique d'Aristote, ou la Science des gouvernemens, ouvrage traduit du grec, avec des notes historiques et critiques, par Champagne. Paris, Bailleul, 1797, 2 vol. in-8°. 9 fr.

On pourrait appeler cet ouvrage le catéchisme des politiques ; il n'est pas possible de traiter plus à fond la nature de toutes les espèces de gouvernemens. Grace au citoyen Champagne, Aristote reparaît sur la scène avec le plus grand avantage. Quand on s'est pénétré de cet ouvrage, on sent qu'on doit beaucoup à Aristote ; mais on n'a pas moins d'obligation à son savant et profond traducteur.

Cours d'Histoire et de Politique, contenant tout ce qui peut contribuer à la prospérité des nations et au bonheur des individus : ouvrage propre à former le législateur, le ministre d'état, le militaire, le légiste, le négociant et le citoyen utile et estimable. Par le docteur J. Priestley ; traduit de l'anglais par Cantwel. Paris, Déterville, an 6, 1798, 2 vol. in-8o. avec tableaux.

On ne peut trop répandre cet ouvrage élémentaire
et méthodique , qui est estimé et qui mérite de l'être.

Recherches sur la nature et les causes de la
richesse des nations, traduit de l'anglais d'A-
dam Smith , par J. A. Roucher , (auteur du
Poëme des Mois , qui a été du nombre des
victimes en 1793). Paris , Buisson , an 3. 5 vol.
in-8.º 15 fr.

Cet ouvrage est précieux : Smith tient une place
distinguée parmi les littérateurs anglais.

Discours sur le gouvernement , par Algernon
Sydney , traduit par Samson. Paris , 3 vol.
in-8o. , 6 fr.

Sydney , républicain hardi , fier et d'une conduite
irréprochable, consacra sa plume à la liberté. Charles Ier.
et l'usurpateur furent égaux à ses yeux. Le lâche
Charles II le fit décapiter , malgré le pardon particu-
lier qu'il lui avait accordé.

Œuvres complettes de Machiavel. Paris , 8 vol.
in-8o. , 20 fr.

Il manie à merveille le poignard à deux tranchans
de la politique. Sa plume , populaire en apparence ,
a tracé le code des tyrans. C'est le manuel de tous
les audacieux qui visent au despotisme , et qui ensuite
veulent l'affermir par toutes sortes de crimes.

Agathocles et Monk , ou l'art d'abattre et de
relever les trônes. Paris , Johanneau , an 5 ,
2 vol. in-18, 1 fr.

Cette bluette politique vaut peut-être mieux que de gros volumes ; un gouvernant devrait l'avoir toute entière dans la tête.

PHYSIQUE.

Elémens de physique théorique et expérimentale, par Sigaud de la Fond. Paris, Gueffier, 1787, avec planches, 4 vol. in-8.o, 16 fr.

Sigaud est simple, clair, précis et par conséquent vraiment élémentaire.

Traité élémentaire, ou principes de physique, par Brisson, édition enrichie du tableau des nouveaux poids et mesures. Paris, 1797, 3 vol. in-8.o, fig., 12 fr.

Dictionnaire raisonné de toutes les parties de la physique, par Brisson. Nouvelle édition revue, corrigée et considérablement augmentée. Paris, an 8, 6 vol. in-8o. avec un volume de planches in-4o., ou 3 vol. in-4o., dont un de planches, 30 fr.

Ces deux ouvrages très-estimés, sont mis au rang des livres élémentaires les mieux faits et les plus utiles.

HISTOIRE NATURELLE.

Histoire naturelle de Buffon, réduite à ce qu'elle contient de plus instructif et de plus intéressant; par P. Bernard. Paris, an 8, 10 vol. in-8.o, fig., 50 fr.

Le vaste génie de Buffon , ses connaissances im-
menses , son coup-d'œil juste et vif , son style sédui-
sant , tout prouve qu'il était fait pour sentir , aimer
et peindre la nature ; aussi ses magnifiques tableaux
dureront-ils autant que leur sujet ; mais ses immortelles productions n'ont paru que successivement , il
s'y trouve des redites et des corrections ; il fallait
un éditeur d'un goût aussi pur que celui de l'auteur ,
pour réduire une collection si étendue , et présenter
en dix volumes tout ce que Buffon a donné d'instructif
et d'intéressant. Le citoyen Bernard a rempli cette
tâche difficile , et l'on regarde son édition comme un
phénomène littéraire.

Traité élémentaire de l'Histoire naturelle des
    Animaux ; par Cuvier. Paris, an 6, 1 vol. in-8.o,
    fig. , 8 fr.

Leçons d'Anatomie comparée (faisant suite à
    l'ouvrage précédent), par Cuvier. Paris, an 8,
    2 vol. in-8.o , 10 fr.

Tableau du règne végétal, suivant la méthode de
    Jussieu ; par Ventenat ; fig., 4 vol. in-8.o , 16 fr.

Traité complet de minéralogie, par Haüy. Paris,
    an 8. Cet ouvrage va paraître incessamment.

On regarde ces quatre ouvrages modernes comme des
modèles de clarté et de précision ; ce sont les meilleures sources élémentaires que la jeunesse puisse consulter pour y puiser les premières connaissances dans
cette partie si intéressante de l'instruction.

Dictionnaire raisonné universel d'histoire naturelle, par Valmont de Bomare ; dernière édition. Lyon , 1791 , 15 vol. in-8.$_0$, 60 fr.

Après Buffon , Charles Bonnet , et un très-petit
nombre de naturalistes , Valmont de Bomare doit
avoir la première place dans le temple de la nature.
Il n'est point créateur, mais il a tiré le parti le plus
heureux des chefs-d'œuvres de nos grands maîtres.

Les six articles précédens peuvent former une petite
collection élémentaire et presque universelle , très-
précieuse pour un amateur.

MÉDECINE.

Esquisse d'une Histoire de la Médecine et de la
Chirurgie , depuis son commencement jusqu'à
nos jours, ainsi que de leurs principaux auteurs, progrès, imperfections et erreurs , traduite de l'Anglais de W. Black , docteur en médecine, par Coray , docteur en médecine. Paris,
Fusch , an 6 , un vol. in-8.^{0} , 4 fr. 50 centim.

On trouve à la fin de ce volume un tableau chronologique des auteurs de médecine et de chirurgie ,
qui ne fait qu'y ajouter un degré d'utilité. Cette esquisse est préférable à certains tableaux.

Médecine domestique, ou Traité complet des
moyens de se conserver en santé, et de guérir
les maladies par le régime et les remèdes sim-
ples : ouvrage mis à la portée de tout le

monde. Traduit de l'Anglais de Buchan, par Duplanil. Paris, Froullé, 1789, 5 vol. in-8o. 20 fr.

Cet ouvrage, qui a un supplément de plusieurs volumes, est d'un usage journalier. Il a le mérite de familiariser le lecteur, ou pour mieux dire le malade avec le langage de la médecine. Je ne l'ai point encore consulté en vain.

CHYMIE.

Traité élémentaire de Chymie, par Lavoisier (ajoutez-y la nomenclature chymique). Paris, 1789, 3 vol. in-8.º, 10 fr.

Infortuné Lavoisier ! avec une si grande passion pour les arts et les sciences ! avec tant de talens ! Maudite ferme générale !

Le cours de Chaptal est aussi très-estimé, ainsi que les ouvrages de Fourcroy.

MATHÉMATIQUES.

Cours de Mathématiques, par Bossut. Paris, 7 vol. in-8.º, 42 fr.

Les deux derniers volumes traitent du calcul différentiel et intégral ; ils ont été publiés en l'an 6. Les cours de Bezout, de la Croix, de Lemoine sont encore recherchés et suivis avantageusement dans grand nombre d'écoles.

ASTRONOMIE.

Histoire de l'Astronomie ancienne, moderne, indienne et orientale ; par Bailly. Paris, 1775-- 1779, 5 vol. in-4.º, 40 fr.

Tes talens et tes vertus t'ont conduit au faîte brillant des honneurs ; le poste était critique, glissant, peu fait pour toi, pauvre Bailly ! Quelle chûte ! tous les rafinemens de cruauté ont été épuisés par tes bourreaux. Chez les Caraïbes tu aurais moins souffert.

Abrégé de l'Astronomie ; par de Lalande. Paris, Desaint, 1774, 1 vol. in-8.º , 4 fr.

La renommée de l'auteur dispense de parler de l'ouvrage. Le cours entier d'astronomie du même auteur est en trois volumes in-4º.

MUSIQUE.

Essai sur la Musique ; par Grétry. Paris, an 5, 3 vol. in-8.º , 9 fr.

Tu ne t'es pas contenté, Grétry, de nous faire éprouver des sensations délicieuses par ta musique inimitable, tu as encore voulu que ta plume nous peignît avec toute la chaleur du sentiment ta passion pour ton art. Ton livre est à la portée de tout le monde, les ames sensibles le dévorent ; il n'est point de cœur dur et froid que tu n'attendrisses, que tu n'échauffes. Bien penser, bien écrire, composer divinement enfin, faire couler des larmes sur la scène et dans le cabinet, ce phénomène était réservé à toi seul. Veuille le ciel conserver tes jours précieux ! ton cœur, ton cerveau ne sont point épuisés, et la belle nature nous prépare encore bien des jouissances par ton organe.

DESSIN.

Méthode pour apprendre le Dessin, où l'on donne

des règles générales pour s'y perfectionner, et les proportions du corps humain, d'après les antiques. Le tout accompagné de quantité d'études et de figures académiques dessinées d'après nature par le célèbre Cochin et autres maîtres. Paris, Jombert, 1756, avec 100 planches, 1 vol. in-4.º, 18 fr.

PEINTURE.

Le grand Livre des Peintres; par Gerard de Lairesse. Paris, 1787, avec fig., 2 vol. in-4º. 18 fr.

Dictionnaire des Arts de Peinture, Gravure et Sculpture; par Watelet et Lévêque. Paris, 1792, 5 vol. in-8.º, 18 fr.

Cet ouvrage, quoique incomplet peut être de la plus grande utilité aux artistes et aux amateurs auxquels il est destiné.

ARCHITECTURE.

Architecture Pratique, comprenant la construction et le toisé en général, les comparaisons des toisés modernes et anciens, les usages actuels, la construction et la statique des murs de terrasse, de canal, d'étangs et autres, le toisé des colonnes et pilastres isolés ou engagés; celui des frontons et ornemens d'architecture suivant l'usage actuel; la manière de lever les plans des lieux où l'on ne peut entrer; les

détails et prix de la maçonnerie, couverture,
charpente, menuiserie, ferrure, etc., etc., etc.;
par Bullet, Paris, 1792, fig. 1 vol. in-8º., 4 fr.

Le titre des quatre ouvrages précédens désigne assez
de quelle utilité et de quel intérêt ils sont pour les
amis des arts.

Dictionnaire raisonné et universel des Arts et
Métiers; par Jaubert. Paris, 1773, 5 vol.
in-8.º, 15. fr.

Cet ouvrage, précieux sous le double rapport de
l'utilité et de la rédaction, gagnerait beaucoup à une
nouvelle édition qui ferait mention des nouvelles dé-
couvertes, et dans laquelle on supprimerait tout ce
qui regarde les réglemens de jurandes, les maîtrises,
les corporations.

BELLES-LETTRES.

École de Littérature; par de la Porte. Paris,
Langlois, an 8, 2 vol. in-12, 4 fr.

Cet auteur indique des préceptes qu'il suit tout en
les donnant. Cette nouvelle édition est considérablement augmentée.

Cours de Belles-Lettres; par Batteux. Paris,
1760, 5 vol. in-12, 10 fr.

Ouvrage utile, mais qui commence à être moins
recherché, depuis les Leçons de Blair, et sur-tout depuis
que Laharpe a publié son Lycée dont il paraît déjà huit
volumes in-8.º : il en aura douze.

Nouveau Dictionnaire portatif de la langue française, composé sur la dernière édition de l'Abrégé de Richelet, par Wailly, entièrement refondu d'après le Dictionnaire de l'Académie par Gattel. Lyon, Bruyset, 1797, 2 vol. in-8.° 10 fr.

Ce petit dictionnaire est, sous plusieurs rapports peut-être préférable à celui de l'académie.

GRAMMAIRE, LOGIQUE.

Œuvres complettes de Dumarsais, contenant plusieurs morceaux trouvés manuscrits dans la bibliothèque nationale. Paris, 7 vol. in-8.°, 21 fr.

On a donc enfin la satisfaction de voir les ouvrage de ce grammairien philosophe réunis. On ne peut trop les lire, et s'en pénétrer, si l'on veut devenir bon logicien. *V. Polygraphie, Œuvres de Condillac.*

ORATEURS.

Œuvres complettes d'Eschine et de Démosthènes traduites du grec par Auger. Paris, Barbou 1794, 6 vol. in-8.°, 24 fr.

Il est agréable pour celui qui ne sait pas le grec de pouvoir cependant lire ces deux orateurs, qui ton naient avec un tel fracas à la tribune, qu'ils en ébran laient la Grèce. Je vous rends grâce, Auger, d'avoi fait précéder votre traduction d'un excellent discour préliminaire sur l'éloquence, et d'avoir ressuscité ces deux illustres rivaux, qui étaient morts pour bien de gens. M. de Tourreil, quoiqu'il ne soit pas sans mérite me faisait désirer votre traduction.

Œuvres complettes de Ciceron, traduites par différens auteurs. Paris, Barbou, 1787—1796, 19 vol. in-12. 36 f.

Pourquoi le courage de cet illustre orateur ne répondait-il pas à son éloquence ? Il s'est flatté plusieurs fois d'avoir sauvé la république, et peut-être il est celui de tous les romains qui a le plus contribué à sa perte. Mais il était à Rome ce que Démosthènes était dans sa patrie.

Œuvres de Thomas de l'académie française. Paris, Moutard, 1773, 4 vol. in-8.°, 12 f.

Ce Biographe est avantageusement connu par l'énergie de son style, par le feu de ses images, par la force de ses pensées ; c'est en vain que Sabatier a cherché à flétrir les couronnes que l'académie lui a décernées ; elles brillent encore de tout leur éclat sur la tête de Thomas. Il faut ajouter à l'édition ci-dessus indiquée, *le vrai Ami des Hommes et les poésies diverses*, deux brochures imprimées in-8.° depuis la révolution. La dernière se trouve chez Desessarts.

POÉSIE.

Les quatre Poétiques d'Aristote, d'Horace, de Vida et de Boileau, avec les traductions et des remarques, par Batteux. Paris, 1771, 2 vol. in-8.° 6 f.

Les jeunes poëtes devraient posséder entièrement de mémoire cet ouvrage didactique : il leur est indispensable.

L'Iliade et l'Odyssée, traduit par Bitaubé. Paris, 1785, 6 vol. in-8.º 18 f.

Homère a passé et passera encore à travers une longue suite de siècles, trainant après lui ses traducteurs, tant bons que mauvais. Plusieurs ont déja disparu dans la poussière de l'oubli. Bitaubé est celui que je préfère. On lit encore avec plaisir la traduction de Gin, 8 vol. in-8.º et celle en vers par Rochefort.

Œuvres de Virgile, traduites par Desfontaines. Paris, Plassan, 1796, avec 13 fig. 4 vol. in-8.º, 24 f.

Virgile n'a point encore été bien traduit. Delille, vous nous en avez promis une traduction complette en vers ; hâtez-vous ; la renommée vous appelle pour vous placer de front avec votre original.

Les Géorgiques de Virgile, traduites en vers par Delille. Kehl, 17::; 1 vol. in-8.º, 4 fr.

Les éditions multipliées de cette traduction sont une preuve non équivoque de son mérite; le français et le latin se font lire avec un égal intérêt. Que n'en peut-on dire autant de toutes les traductions !

Les Jardins, poëme, par Delille. Paris, 1780, 1 vol. in-8.º, 3 f.

Il est bien glorieux de faire des vers aussi beaux, aussi naturels, aussi harmonieux. Abbé Delille, hâtez-vous de terminer votre Virgile. On le dit sous presse ; qu'il en sorte promptement, pour satisfaire notre avide curiosité !

Œuvres d'Horace, traduites par Batteux. Paris, Desaint, 1768. 2 vol. in-12, 3 f.

Quoi ! pas une bonne traduction de cet autenr incomparable !

Œuvres de Gessner. Paris, Dufart, 1796, avec figures, 2 vol. in-8.º , 10 fr.

Ce littérateur, poëte, imprimeur et graveur, avait bien épié la nature champêtre avant d'écrire : il faut qu'il l'ait souvent prise sur le fait, pour peindre aussi bien toutes ses nuances, toutes ses variations, et tous les petits accidens de lumière que produisent la rosée, la pluie et les orages. Il connaissait parfaitement sa palette, aussi n'a-t-il jamais manqué ses tableaux, soit qu'il ait peint les jours, les nuits, les saisons, et même les premiers âges du monde.

Pourquoi n'avons-nous pas, dans le genre pastoral, la touche fine et délicate des allemands ?.

Œuvres de Boileau Despréaux : nouvelle édition, revue.... et la plus exacte qui ait paru jusqu'à ce jour, précédée d'un discours préliminaire du citoyen Ch. Palissot. Paris, Déterville, 1793, portrait, 1 vol. in-8.º , 2 f.

Il appartenait à l'auteur de la Dunciade de donner une édition des Œuvres de l'auteur de la Satyre contre les femmes. Les deux plumes de ces poëtes se sont quelquefois rencontrées dans le même cornet.

Œuvres de Jean-Baptiste Rousseau (édition de Seguy). Paris, 1753, 4 vol. in-12, 6 f.

N'ajoutons point à ces volumes les deux *du Porte-feuille ;* les quatre premiers suffisent à la juste réputation de l'un des plus grands poëtes dont la France s'honore.

Fables de la Fontaine, avec les notes de Coste. Paris, 1744, 2 vol. in-12, fig. 4 f.

Contes de la Fontaine. Amsterdam, 1745, 2 vol. in-12, fig. 5 f.

Œuvres diverses de la Fontaine. Paris, 1758, 4 vol. in-12, 5 f.

Ces 8 volumes renferment toutes les œuvres de ce poëte inimitable. Ses Fables sur-tout passeront à la postérité la plus reculée, et en feront sans doute aussi les délices.

Œuvres de Gresset, nouvelle édition faite d'après l'originale, et enrichie de fig. Paris, Volland, 1793, 2 vol. in-8.º, 6 f.

Je vois Vert-vert diriger son vol du côté de l'immortalité ; le méchant ne se corrigera pas ; dans trente siècles, il sera toujours le méchant par admiration.

COLLECTION DE PETITS POËTES.

Chaulieu. La Haie 1777, 2 vol. in-12, 3 fr.

La Farre. Paris, 1755, 1 vol. in-12, 1 fr.

Bernis. Orléans, 1767, 2 vol. in-12, 3 f.

Sedaine (poésies fugitives). Paris, 1760, 1 vol. in-12, 1 f.

Bernard. Paris, Dufart, 1795, 1 vol. in-18. 1 fr.

Bertin. Paris, 1785, 2 vol. in-18, 2 f.

Boufflers. Paris, Dufart, 1795, 1 vol. in-18, 1 f.

Parny. Paris, 1787, 2 vol. in-18, 2 f.

Lettres à Emilie sur la Mythologie. Paris, Dufart, 1796, avec fig. 6 parties in 8.°, 9 f.

Voyage autour de ma chambre, par Ximénès. Paris, 1 vol. in-18, 1 fr.

Ce dernier ouvrage ne tient point à la poésie ; mais il est digne de figurer au milieu des agréables productions de nos jolis petits poëtes. J'en demande bien pardon à MM. Scarron, Chapelle et Bachaumont, Saint-Pavin, Charleval, Deshoulières, Pavillon, Regnier - Desmarais, Sarrasin, Vergier, Ducerceau, Grécourt, Gilbert, Berquin (Idylles), Léonard (Idylles), Mertghen, Imbert, etc. etc. si je ne les ai pas fait entrer dans ma petite collection, quoiqu'ils en soient très-dignes ; mais il aurait fallu sacrifier trop de terrain, dans ce catalogue, à une branche de littérature, qui n'est pas absolument essentielle. Malgré cela, honneur à nos charmans petits poëtes !

Lettres sur l'Italie, par Dupaty. Paris, 179::, 1 vol. in-8.°, 3 f.

Lisez la première lettre, lisez la seconde, et je vous quitte pour quelques heures, persuadé qu'avant la fin du jour, la tête pleine d'images brûlantes, vous me rendrez compte de l'ouvrage entier. Le feu du génie y brille d'un bout à l'autre : il pétille continuellement, et l'on ne se lasse point d'être ébloui, quoiqu'en disent les censeurs à la glace.

Les Aventures de Télémaque, fils d'Ulysse,
par Fénélon. Paris, Crapelet, 1795, 4 vol.
in-18, 8 f. ou 2 vol. in-8.º, 18 fr.

Ce chef-d'œuvre est l'école des rois ; mais malheu-
reusement ils se croient dispensés d'aller à l'école.

THÉÂTRE.

Bibliothèque du Théâtre français, depuis son
origine, contenant un extrait de tous les ouvrages composés pour ce Théâtre, depuis les
mystères jusqu'aux pièces de Corneille ; une
liste chronologique de celles composées depuis
cette dernière époque jusqu'à présent, avec
deux tables alphabétiques, l'une des auteurs,
et l'autre des pièces. Dresde, 1768, 3 vol.
in-8.º, 9 f.

En faisant précéder cet ouvrage de ceux dont la liste
suit, on aura un recueil intéressant, qui peut servir
d'introduction à toute espèce de collections dramatiques.

Histoire générale du Théâtre français, depuis
son origine jusqu'à présent, par Parfait. 1735
et suiv. 17 vol. in-12.

Mémoires pour servir à l'Histoire du Théâtre de
la Foire, par Parfait. 1742, 2 vol. in-12.

Histoire de l'ancien Théâtre italien, par Parfait.
1753, 1 vol. in-12.

Histoire anecdotique et raisonnée du Théâtre

Italien, depuis son rétablissement en France jusqu'à l'an 1769. Paris, 1769, 7 vol. in-12.

Histoire du Théâtre de l'Opéra comique. Paris, 1769, 2 vol. in-12.

Dictionnaire des Théâtres de Paris, par Parfait. 1756, 7 vol. in-12.

Tous ces ouvrages sont assez estimés, à l'exception du dernier, qu'on regarde comme une compilation mal digérée, et qui cependant peut être de quelque utilité.

Œuvres de Pierre Corneille, avec les Commentaires, par Voltaire. Genève, 1764, avec fig. 12 vol. in-8.°, 36 f.

Grand, majestueux, sublime, digne du premier rang qu'il occupe, digne de son illustre commentateur.

Œuvres complettes de Jean Racine. Déterville, 1796, fig. 4 vol. in-8.°, 25 fr.

Beau, pathétique, harmonieux, sublime; c'est Voltaire qui l'a dit; et Voltaire s'y connaissait.

Œuvres complettes de Jolyot de Crébillon. Paris, 1783 : fig. 3 vol. in-8.°, 12 f.

Qu'il est sombre! qu'il est noir! qu'il est terrible! sa muse lugubre, enveloppée dans sa longue robe de deuil, imprégnée de larmes et de sang, porte partout l'épouvante et l'horreur.

Œuvres de Molière, avec les Commentaires de Bret. Paris 1772, 6 vol in-8.°, fig. 30 fr.

Salut, divin Molière, salut! il suffit de te nommer :
hier j'assistai à une représentation du Tartufe : si je
vivais dans deux mille ans, j'y assisterais encore ; mais
c'est en vain que je demanderais Pourceaugnac et
Scapin.

Œuvres complettes de Regnard. Paris, veuve
Duchesne, 1789, fig. 6 vol. in 8.°, 20 fr.

Si Molière eut fait un testament, dans lequel il aurait
légué son talent à tous les dramatistes futurs, Regnard,
tu n'aurais pas plus à te plaindre de ton legs, que nous
n'avons à nous plaindre de ton légataire (morale à part).

Chef-d'œuvre de Dancourt. Paris, 3 vol. in-12,
4 f. 50 c.

De petites pièces assez gentilles, assez naturelles,
mais surannées.

Chef-d'œuvre de Destouches. Paris, 3 vol. in-12,
4 f. 50 c.

Son legs, dans le testament de Molière, va précisé-
ment après celui de Regnard ; mais il est plus faible.

Œuvres choisies de Piron. Paris, Dufart, 3 vol.
in-16, 3 f.

Immortel par sa Métromanie, par d'heureuses pièces
fugitives, par, etc.

Nous venons de parler des auteurs dramatiques les
plus célèbres ; mais on trouvera encore de très-bonnes
pièces dans Campistron, la Motte, Quinault, Bour-
sault, Bruyeis, Palaprat, la Grange - Chancelle, la

Fosse, Marivaux, le Sage, le Grand, Hauteroche, Baron, Montfleury, Poisson, Nadal, le Mierre, Saint-Foix, Palissot, Favart, Rochon-Chabannes, Cailhava, Diderot, Beaumarchais, Fenouillot, Collin d'Harleville, Sedaine, Fabre d'Eglantine, Mercier, Monvel, etc. etc. etc.

ROMANS.

Traité de l'origine des Romans, par Huet, suivi d'observations et de jugemens sur les Romans français, avec l'indication des meilleurs Romans qui ont paru, sur-tout pendant le 18e. siècle jusqu'à ce jour. Paris, Desessarts, an 7, 1 vol. in-12. 1 fr. 50 c.

Romans de Richardson. Paméla, ou la vertu récompensée, traduit par l'abbé Prévot. Paris, 1742, 4 vol. in-12, 8 fr.

Lettres de miss Clarisse Harlowe, traduites par l'abbé Prévot. Paris, 1751, 7 vol. in-12, 14 fr.

Histoire de sir Charles Grandisson, traduit par l'abbé Prévot. Leyde, 1765, 7 vol. in-12, 14 fr.

Ces trois romans sont généralement regardés comme des modèles.

Histoire de Don Quichotte, de la Manche, traduite de l'espagnol de Cervantes. Paris, 1722, 6 vol. in-12, 12 fr.

Ce roman a peut être été le meilleur et le plus utile de tous ceux qui ont existé ; c'est dommage que son principal mérite ne soit plus de saison. La traduction par Florian , ouvrage posthume , est très-estimée.

Vie et Aventures de Robinson. Paris , 1742 , fig. 4 vol. in-12, 6 fr.

Je place ce roman à côté de don Quichotte. Quoiqu'on le lise maintenant avec plus d'intérêt que le roman espagnol , il ne le vaut peut-être pas.

Romans de Lesage. Gilblas de Santillane. Paris, 1759, 5 vol. in-12 , 10 fr.

Le Bachelier de Salamanque. Paris, 1759 , 3 vol. in-12, 6 fr.

Le Diable boiteux. Paris, 1756, 3 vol. in-12, 6 f.

Tels sont les trois romans les plus estimés du bon Lesage. On lit malgré cela avec plaisir , son *Gusman*, son *Estévanille* , etc. Il s'est fait aussi un nom au théâtre , par plusieurs pièces , parmi lesquelles on distingue *Crispin, rival de son maître*, et *Turcaret.*

Romans de l'abbé Prévot. Mémoires d'un Homme de qualité qui s'est retiré du monde. Paris , 1729, 6 vol. in-12, 12 fr.

Histoire de Cléveland, fils naturel de Cromwell, Paris, 1732, 6 vol. in-12, 12 fr.

Histoire du chevalier Desgrieux et de Manon Lescaut. Paris, 1733, 1 vol. in-12, 2 fr.

Le Doyen de Killerine. Paris, 1733, 6 vol in-
12, 12 fr.

Histoire d'une Grecque moderne. Paris, 1751,
2 vol. in-12, 4 fr.

La plume féconde de l'abbé Prévot a enfanté encore
d'autres romans et des histoires que je n'ai pas cru
devoir faire entrer dans cette collection ; il a beaucoup d'autres ouvrages aussi recommandables par le
style que par le choix heureux des matières, et par
la manière dont ils les a traitées. Son goût était pur
et délicat. On lui doit tant en ouvrages de lui, qu'en
traductions, 162 vol. in-12 et un vol. in-4. Cette fé-
condité n'approche pas encore de celle de Muratori,
bibliothécaire du duc de Modène, qui a composé
46 vol. in-folio, 134 vol. in-4.º, 13 vol. in-8.º, et
plusieurs in-12.

Œuvres de Florian. Paris, Didot, 1786, 14 vol.
in-18 avec fig., ou 9 vol. in-8º, 24 fr.

Histoire de Don-Quichotte, traduite de l'espagnol
de Cervantes, par Florian (œuvre posthume).
4 vol. in-8º, fig. ; 16 fr., ou 6 vol. in-18, 6 fr.

Vie de J. B. Florian, par A. J. Rosny, 1 vol.
in-18, fig., 1 fr.

Florian est un de nos plus aimables auteurs, et
quoiqu'on ne doive pas le placer au niveau des premiers écrivains du siècle de Louis XIV, on lit ses
productions avec le plus vif intérêt. Son style est pur
quoiqu'un peu faible, sa philosophie est douce, et

sa morale répand un grand charme sur tous ses ouvrages.

Ceux qui désireraient avoir une jolie collection de
romans qui fût bien imprimée, uniforme et enrichie
de belles gravures, peuvent se procurer :

Les œuvres complettes de Lesage et Prévôt, 54
vol. in-8°.

Voyages imaginaires, songes, visions, romans
cabalistiques, 39 vol. in-8°.

Cabinet des Fées, 41 vol. in-8°.

Les œuvres d'Arnaud, 12 vol. in-8°.

Les œuvres de Tressan, 12 vol. in-8°.

OEuvres de Genlis, 17 vol. in-8°.

Romans de la Place, 8 vol. in-8°.

OEuvres de madame Riccoboni, 8 vol. in-8°.

Collection d'Ana, etc., 10 vol. in-8°.

On peut ajouter à ces recueils des romans détachés
dont le mérite est reconnu, ainsi que les bibliothèques
de campagne et celles des romans.

POLYGRAPHIE.

Encyclopédie, ou Dictionnaire raisonné des
sciences, des arts et des metiers, par une
société de gens de lettres, mis en ordre par
MM. Diderot et d'Alembert. Paris, 1751 et
suiv., 35 vol. in-folio, 600 fr.

C'était une entreprise bien hardie, que cette encyclopédie. Elle effraie l'imagination. Quel génie n'a-

t-il pas fallu pour tracer le plan de cet immense
édifice ! Et pour l'exécuter , combien de cerveaux ,
de bras et de machines il a fallu mettre en mouvement ! Les pyramides d'Egypte seront en poussière
avant que l'encyclopédie ait vu effleurer sa réputation
colossale.

L'édition de Paris in-folio est peut-être préférable à
celle par ordre de matières , tant que cette dernière
ne sera pas terminée ; et quand le sera-t-elle ? Il en
parait déjà 64 livraisons in-4'' , qui forment 198 vol.
de discours et 31 volumes de planches.

L'édition de Genève , 1777 , est en 39 vol. in-4º ,
dont 3 de planches : on y ajoute ordinairement la table
en 6 volumes ; ce qui fait en tout 45 volumes. Il existe
aussi une édition de Genève in-folio.

Œuvres complettes de Voltaire. Édition de Beau-marchais. Kehl , 1784 -- 90 , 70 vol. in-8° , avec 128 fig.

On doit borner l'éloge de ce grand homme à citer
le nombre des éditions qu'ont eu ses œuvres complettes.
Autre édition de Kehl , 92 vol. in-12.

— Genève , 1756 — 76 , 40 vol. in-8°.

— Lyon , 1775 , 41 vol. in-8'.

— Edition de Palissot. Paris , 1795., 55 vol. in-8°.

— Bâle et Gotha , 1784 et suiv. , 70 vol. in 8'.

— Deux-Ponts , 100 vol. in-12.

— Genève et Paris , 1778 et suiv. , 45 vol. in-4°.

— Edition de Servière , 30 vol. in-18.

— Autre édition de Serviere , an 6. Œuvres choisies ,
divisées en trois classes , ainsi qu'il suit :

Voltaire, poëte.
- Théâtre complet, 8 vol.
- La Henriade, 1 vol.
- La Pucelle, 1 vol.
- Mélanges de poésies, 3 vol.
- Romans, etc., 2 vol.

Voltaire, historien.
- Essai sur les mœurs, etc. 5 vol.
- Siècle de Louis XIV et Louis XV, 3 vol.
- Histoire du Parlement de Paris, 1 vol.
- — de Charles XII, 1 vol.
- — de Russie, 1 vol.
- Annales de l'empire, 1 vol.
- Doutes sur l'histoire, 1 vol.

Voltaire, philosophe.
- Mélanges de littérature, etc., 3 vol.
- Philosophie de Newton, 1 vol. fig.
- Questions sur l'encyclopédie, 8 vol.

40 vol. in-8°. prix 186 fr.

Telles sont les principales éditions de Voltaire complet. Si l'on voulait entrer dans le détail de celles qu'ont eu ses ouvrages imprimés séparément, on formerait un volume.

Œuvres complettes de J.-J. Rousseau. Genève, 1782, 17 vol. in-4°, belles fig.

Il partage avec Voltaire la gloire d'être placé au premier rang parmi les littérateurs qu'a fourni le dix-huitième siècle. Les principales éditions de ses ouvrages sont de Kehl, 1793, 34 vol. in-12.

Paris , 37 vol. in-12.

— de Poinçot. Paris , 38 vol. in-8°. fig.

— de Genève , 33 vol. in-8°.

— de Paris , 37 vol. in-18.

N'oublions pas la magnifique édition de Dufour , grand in-4°. sur papier , nom de Jésus , vélin d'Annonay , avec de belles fig. La dernière livraison a paru en ventôse an 8. Voici l'ordre des volumes et des matières.

Politique , 1 vol. 4 fig.

Héloïse , 2 vol. 9 fig.

Emile , 2 vol. 6 fig.

Mélanges , 4 vol. , 8 fig.

Dictionnaire de musique , 2 vol. , 14 planches.

Confessions , 2 vol. , 7 fig.

Dialogues , 1 vol.

Correspondance , 3 vol.

Rêveries et contestations avec D. Humes , 1 vol.

18 vol. in-4°.

35 fig.

14 planch. de musiq.

Prix.

1512 fr., fig. av. la let.

1296 fr. apr. la lett.

Œuvres complettes de Mably. Paris, Bossange, 1797 , 12 vol. in-8° , 25 fr.

Il a porté dans l'antre ténébreux de la politique , le flambeau de la philosophie , dont il a éclairé l'histoire. Toujours guidé par la vérité , ferme sur les principes , vertueux et éloquent , il a écrit en homme libre , quoique environné d'esclaves et sous les yeux d'un maître.

Histoire Philosophique de l'établissement du commerce dans les deux Indes , par Guill.

Thom. Raynal. Genève, 1780, 10 vol. in-8°, Atlas in-4°., 30 fr.

Il est un de ces écrivains audacieux dont la plume forte et sublime a gravé en caractères de feu sur le sol français les noms sacrés de *liberté* et d'*égalité*; ces mots nouveaux dans notre langue, ont fermenté dans nos cœurs, et bientôt l'explosion s'est manifestée.

Œuvres complettes de Condillac. Paris, an 7, 23 vol. in-8°., 60 fr.

Cet estimable écrivain a fait pour l'instruction ce que son frère (Mably) a fait pour la morale, la politique et l'histoire. On mettra toujours son cours d'études au nombre des premiers ouvrages de ce genre.

Voyage du jeune Anacharsis en Grèce, par Barthelemy. Paris, an 7, 7 vol. in-8°., atlas in-4°., 40 fr., ou 7 vol. in-12, sans atlas, 21 fr.

Ce livre a le mérite rare d'attacher toute espèce de lecteurs : il est impossible de présenter rien de plus beau, de mieux écrit, de plus détaillé, de plus complet et de plus varié sur l'ancienne Grèce. Avec cet ouvrage on n'a plus besoin de se noyer dans le déluge des longs et fatiguans écrits qui nous inondaient à ce sujet.

Etudes de la nature, par Jacques-Bernardin-Henri de Saint-Pierre; nouvelle édition. Paris, (sous le titre de Bâle) 1797, avec figures, 5 vol. in-8°., 15 fr.

Ami de Jean-Jacques, quelquefois son émule, il

inspire le plus grand intérêt. Son ame se peint dans ses ouvrages. Comment n'écrirait-il pas avec la douce chaleur du sentiment ? il aime la nature et la prend pour guide. Son *Paul* et *Virginie* est un chef-d'œuvre ; mais sa physique ne passe pas pour tel.

Œuvres choisies de Delile de Sales. Philosophie de la Nature ; cinquième édition. Paris, 1789, fig., 7 vol. in-8.º, 21 fr.

Histoire philosophique du Monde primitif ; quatrième édition. Paris, 1793, 7 vol. in-8.º, atlas in-4.º, 21 fr.

Histoire des douze Césars de Suétone, traduite par Henri Ophellot, de la Pause (Delile). Paris, 1771, 4 vol. in-8º, 10 fr.

De la Philosophie du Bonheur ; ouvrage recueilli et publié par Delile, orné du portrait de l'auteur et de plusieurs gravures. Paris, 1797, 2 vol. in-8.º, 8 fr.

Le cerveau fecond de cet auteur volcanique a souvent de violentes éruptions qui étonnent, qui éblouissent, qui enflamment. La magie de son style énergique, sa philosophie audacieuse et ses persécutions lui ont assuré un succès qui ne s'est point démenti.

Œuvres Philosophiques de Paw, contenant les recherches sur les Américains, sur les Egyptiens et les Chinois, sur les Grecs, etc. Paris, Bastien, an 3, 7 vol in-8.º, 21 fr.

De la philosophie , de l'érudition , et une manière
intéressante de présenter des objets faits pour exciter
la curiosité.

GÉOGRAPHIE.

Géographie ancienne abrégée , par Danville.
Paris , 1768 , 3 vol. in-12 , 6 fr.

Géographie moderne abrégée , par Nicole de
la Croix. Paris, 1766 , 2 vol. in-12 , 5 fr.

Concorde de la Géographie des différens âges,
par Pluche. Paris , 1764 , avec cartes , 1 vol.
in-12 , 3 fr.

Nouvelle Géographie universelle , descriptive,
historique, industrielle et commerciale des
quatre parties du monde, etc. , traduite de
l'anglais de Guthrie, sur la dernière édition de
1799; deuxième édition, soigneusement revue,
corrigée et considérablement augmentée ,
particulièrement quant aux articles Dane-
marck, Suède, France, Portugal, Italie , etc,
avec un traité de la Géographie ancienne et
moderne, comparée, divisée en deux parties,
revue et corrigée, quant aux parties astronomiques et géographiques, par Lalande. Paris,
Hiacynte Langlois, an 8 , 6 vol. in-8.º et un
atlas in-4.º

Atlas général adapté à la Géographie de Nicole
de la Croix, avec 55 cartes, 1 vol. in-4.º 18 fr.

Dictionnaire géographique portatif des quatre parties du monde, contenant la description des républiques, royaumes, etc., et la Géographie ancienne, traduit sur la dernière édition de Laurent Echard, par Vosgien, nouvelle édition, revue et rectifiée. etc. Paris, 1795, 1 vol. in-8.º, 4 fr.

Dictionnaire de Géographie ancienne, pour l'intelligence des auteurs anciens. Paris, 1768, 1 vol. in-8º, 4 fr.

Tous ces ouvrages sont généralement estimés.

VOYAGES.

ABRÉGÉ de l'Histoire générale des Voyages, contenant ce qu'il y a de plus remarquable, de plus utile, de plus avéré dans les pays où les voyageurs ont pénétré, les mœurs des habitans, la religion, les usages, arts et sciences, commerce et manufactures, enrichis de cartes géographiques et de figures, par la Harpe. Paris, Moutardier, 1780, et années suiv. 27 vol. in-8.º, atlas in-4.º, 100 fr.

Cet abrégé remplace avec avantage la volumineuse Histoire des Voyages de l'abbé Prévot, 20 volumes in-4.º

On estime aussi le Voyageur français par l'abbé de Laporte, 42 vol. in-12.

CHRONOLOGIE.

TABLES chronologiques qui embrassent toutes les parties de l'Histoire universelle, année par année, depuis la création du monde jusqu'en 1768, publiées en anglais par John Blair, et traduites en français par Chantreau, qui les a continuées jusqu'en 1795, suivies, etc. Paris, Agasse, an 7, 1 vol. in-4.º, 18 fr.

Si l'on avait fait précéder ce bel ouvrage d'un discours préliminaire sur la chronologie, sur la définition des termes qui lui sont propres, et sur le plan simple de cet ouvrage, ces Tables tiendraient lieu de *l'Art de vérifier les dates.* Paris, 1787, 3 vol. in-folio.

HISTOIRE.
Choix d'Ouvrages d'Histoire.

Histoire ancienne des Egyptiens, des Carthaginois, des Assyriens, des Babyloniens, des Mèdes, des Perses, des Macédoniens et des Grecs, par Rollin. Paris (Avignon), 1788, 14 vol. in-12, 28 fr.

Atlas pour l'étude de l'Histoire ancienne, composé de 10 cartes, 1 vol. in-4.º, 5 fr.

Histoire romaine depuis la fondation de Rome jusqu'à la bataille d'Actium, par Rollin et Crevier. Paris, 1769, 16 vol. in-12, 40 fr.

Histoire de la décadence et de la chûte de l'em.
pire romain, par Gibbon, traduit de l'anglais
par Leclerc de Septchenes. Paris, 18 vol. in-
8.º, 48 fr.

Histoire du Bas-Empire, en commençant à Cons-
tantin, par M. Lebeau, et continuée par M.
Ameilhon. Paris, 1757 et suiv., 24 vol. in-12.

Atlas pour l'étude de l'Histoire romaine, depuis
la fondation de Rome jusqu'à la destruction
de l'empire de Constantinople, destiné aux
trois précédentes Histoires de Rollin, Crevier,
Lebeau et Ameilhon, composé de 49 cartes,
1 vol. in-4º, 28 fr.

Histoire moderne des Chinois, des Japonnais,
des Indiens, des Persans, des Turcs, des Rus-
siens, etc., commencée par l'abbé de Marsy,
continuée par Richer. Paris, 1771, 3o vol.
in-12, 75 fr.

Atlas pour l'étude de l'Histoire moderne, composé de 39 cartes, 1 vol. in-4.º, 15 fr.

Introduction à l'Histoire de France de Velly,
contenant ce qui a précédé le règne de Clovis, par Leaureau. Paris, 1789, 2 vol. in-
12, 4 fr.

Histoire de France depuis l'établissement de la

monarchie jusqu'à Louis XIV , par Velly ,
Villaret et Garnier. Paris, 1770 et suiv., 32
vol. in-12 , 80 fr.

Table générale des matières de 30 premiers
volumes de l'Histoire de France, par Velly,
Villaret et Garnier. Paris , veuve Desaint,
an 7, 3 vol. in-12, 6 fr.

Nouvelle Histoire de France, depuis Louis XIV
jusqu'en 1783, pour faire suite à celle de Velly,
etc. Paris, 1782, 8 vol. in-12, 16 fr.

Histoire complette de la Révolution de France,
pendant les assemblées constituante , légis-
lative et conventionnelle , précédée de l'ex-
posé rapide des administrations successives qui
l'ont déterminée, par deux amis de la liberté.
Paris, Bidaut, an 7, 13 vol. in-18, 18 fr.

Atlas pour l'étude de l'Histoire de France, composé de 85 cartes, auxquelles il faut ajouter
celle de la France divisée par départemens ,
1 vol. in-4.°, 36 fr.

Tous les atlas dont il est question dans ce choix
d'histoires, que l'on peut regarder comme à peu-près
complet en ce genre , sont tirés de l'atlas suivant :

Atlas universel pour l'étude de la Géographie
et de l'Histoire ancienne et moderne, par M.

Philippe de Prétot, et autres auteurs, composé de 126 cartes, dont plusieurs sont doubles. Paris, Nyon, 1 vol. in-4.°, grand papier, 40 fr.

Avec cette collection d'Histoires qui se trouvent dans toutes les bibliothèques de goût, on peut se passer de la grande *Histoire universelle, par une société de gens de lettres, traduite de l'anglais*, 45 vol. in-4.° ou 126 vol. in-8.°

Dictionnaire des Antiquités grecques et romaines, ou Abrégé du grand Dictionnaire de Samuel Pitiscus, par Pierre Barral, précédé d'un Essai sur l'étude des Antiquités septentrionales et des anciennes Langues du nord, par Pougens. Paris, chez Pougens, an 6, 2 vol. in-8.°, 10 fr.

Cet ouvrage tient lieu d'une collection immense, et qu'il est très-difficile de trouver réunie.

Histoire de l'origine, des progrès et de la décadence des Sciences dans la Grèce, traduite de l'allemand, de Christophe Meiners, professeur à Gottingue, par J.-Ch Laveaux. Paris, an 7, 5 vol. in-8.°, 15 fr.

On regarde cette histoire comme très-intéressante, et remplissant parfaitement le but que l'auteur s'est proposé : le style est un peu froid.

Vie de Laurent de Médicis, surnommé le Magnifique, traduite de l'anglais de William Roscoe,

sur la deuxième édition , par François Thurot
(traduct. des *Recherches philosophiques sur
la Grammaire universelle* ; ouvrage précieux), avec des notes et des additions. Paris,
Baudouin, an 8, 2 vol. in-8.º, 8 fr.

Cet ouvrage est en grande partie consacré à retracer
l'heureuse révolution qui , après plus de dix siècles
d'ignorance et de barbarie , fit renaître en Europe les
sciences et les arts ; et, sous ce rapport, il doit avoir
place à côté de celui de Meiners. Il serait à souhaiter
que l'Histoire du siècle d'Auguste et celle du siècle
de Louis XIV fussent traitées dans le même genre ,
c'est-à-dire, relativement aux belles-lettres, aux sciences
et aux arts.

Nouveau Dictionnaire historique, ou Histoire
abrégée de tous les hommes qui se sont fait
un nom , etc. , etc, par une société de gens
de lettres (Chaudon). Caen et Lyon , Leroy
et Bruyset, 1789, 9 vol. in-8.º , 36 fr.

Cet ouvrage a le mérite d'être utile , ce qui n'en
est pas un petit, et de satisfaire , lorsqu'on le consulte,
ce qui en est encore un plus grand.

Les trois Siècles de la Littérature française , par
L'abbé Sabatier de Castres. Paris , 1781 , 4
vol. in-8º. , 12 fr.

De l'esprit, du goût, du fiel , de l'acrimonie, de la
partialité, de la vérité : voilà ce que l'on trouve dans
cet ouvrage.

BIBLIOGRAPHIE.

BIBLIOGRAPHIE instructive, ou Traité de la connaissance des livres rares et singuliers, contenant un Catalogue raisonné, etc., etc. par Debure. Paris, Debure, 1763 et suiv., 7 vol. in-8.°, 36 fr.

Supplément, ou Catalogue des livres de L. J. Gaignat. Paris, 1769, 2 vol. in-8.°, 12 fr.

Table destinée à faciliter la recherche des livres anonymes qui ont été annoncés dans la Bibliographie de Debure et dans le catalogue de Gaignat. Cette Table forme le 10.e tome de cette collection bibliographique; par Née la Rochelle. Paris, 1782, 1 vol. in-8., 3 fr.

Ces trois ouvrages, qui doivent n'en former qu'un, prouvent que leurs auteurs possèdent les connaissances les plus étendues dans cette partie : on ne consulte jamais en vain cette collection utile, qui devrait se trouver dans toutes les bibliothèques. Osmont a donné un dictionnaire typographique, historique, etc., 2 vol. in-8.° 1768. Mais Cailleau en a donné un plus étendu, en 3 vol. in-8.°, 1789. Je dois cependant avouer que tous ces ouvrages ont quelques fautes inséparables d'un travail aussi immense, aussi appliquant, et qui exige tant de recherches.

Nouvelle Bibliothèque d'un homme de goût, ou Tableau de la Littérature ancienne et moderne, etc., jusqu'en 1797, par une société de gens de lettres. Paris, Desessarts, 1798, 4 vol. in-8.°, 9 fr.

Il serait à souhaiter que l'on eût moins négligé la partie bibliographique dans cet intéressant ouvrage. J'invite l'estimable éditeur à nous indiquer plus exactement, dans une nouvelle édition, la quantité de volumes, la date, le nom de l'imprimeur et le lieu où a été imprimé chaque ouvrage, et sur-tout les bonnes éditions ; cela ajoutera un grand degré d'utilité à ce bon livre.

Telle est la collection d'ouvrages dans tous les genres, que nous avons réunis et classés pour l'utilité de celui qui voudrait se composer une Bibliothèque à-peu-près universelle. Ceux qui désireront plus de détails dans chaque partie, pourront consulter *le Manuel Bibliographique*. Le Catalogue raisonné que nous venons de donner, renferme 43 volumes in-folio, 45 volumes in-4°, 518 volumes in-8°, 328 volumes in-12, 25 volumes in-18 et 5 atlas. Ces 964 volumes peuvent valoir à-peu-près la somme de 3600 fr. On peut réduire de beaucoup ce nombre d'ouvrages, et malgré cela se former une collection qui serait encore intéressante.

SUPPLÉMENT

A LA PETITE
BIBLIOTHÉQUE

CLASSÉE MÉTHODIQUEMENT.

Nous n'avons pas voulu étendre davantage le nombre des ouvrages propres à composer la petite bibliothèque choisie dont nous venons d'exposer le plan méthodique. Les bornes étroites dans lesquelles nous nous sommes circonscrits, nous ont forcé de retrancher grand nombre de bons auteurs qui auraient figuré avec le plus grand avantage dans cette collection, mais qui l'auraient rendue trop volumineuse. Nous allons suppléer à ce silence par une liste alphabétique de quelques écrivains estimés dont les ouvrages ne se trouvent pas dans le catalogue raisonné ci-dessus.

ARNAUD-D'ANDILLY , né à Paris en 1589, mort en 1674.

Histoire des Juifs , écrite par Flavien Josephe , et traduite du grec en français , avec figures en taille douce. Bruxelles , 1701 , 5 vol. in 8.ᵉ

Vies des Pères des déserts d'Orient et d'Occident. avec figures en taille douce. Amsterdam, 1714, 4 v. in-8.ᵉ

ARNAUD (*Baculard*) , né à Paris en 17..

Coligny , tragédie en 3 actes, 1740 , 1 vol. in-8.ᵉ

Les Epoux malheureux. Première édition, 1745 ;
2 vol. in-12 ; dernière édition, 1792, 4 vol. in-12.

Thérèse, histoire italienne, 1746, 2 vol. in-12.

Les Amans malheureux ou le Comte de Comminges,
drame en trois actes et en vers, précédé d'un discours,
et suivi des Mémoires du comte de Comminges, 1764,
1 vol. in-8.o

Fanny, ou l'Heureux repentir. Paris, 1765, 1 vol. in-12.

Sydney, et Silly. Paris, 1766, 1 vol. in-12.

Julie, Histoire anglaise, 1767, 1 vol. in-8.o

Lucie et Mélanie, 1767, 1 vol. in-8.o

Nancy, 1767, 1 vol. in-12.

Batilde, 1767, 1 vol. in-8.o

Euphémie, ou le Triomphe de la Religion, drame
en 3 actes, 1768, 1 vol. in-8.o

Anne Bell, 1770, 1 vol in-8.o

Sydney et Volsan, 1770, 1 vol. in-8o.

Fayel ou Gabrielle de Vergy, tragédie en 5 actes,
en vers, précédée d'une préface sur l'ancienne che-
valerie, et suivie d'un Précis de l'Histoire du Châtelain
de Fayel, 1770, 1 vol in-8.o

Selicourt, Nouvelle, 1771, 1 vol. in-8.o

Les Épreuves du sentiment, 1772--1781, 12 vol. in-12.

Cette collection contient Zénothemis, Adelson et
Salvine, Sargines, Rosalie, Dona Elmira, Bazile,
Liebmann, Duminville, Pauline et Suzette, Germeuil,
Henriette et Charlot, Valmier et Aurelie.

Les Délassemens de l'Homme sensible, ou Anecdotes diverses. Paris, 1783 et suiv., 12 vol. in-8.o

Nouvelles historiques. Maëstricht, 1784, 3 vol.
in-12

Merinval, drame en 5 actes et en vers, 1774, 1 vol. in-8.º

Vie de Desrues, exécuté à Paris le 6 mai 1775, 1 vol. in-12.

La vraie Grandeur, au duc d'Orléans, 1789, 1 vol. in-8.º

Les Loisirs utiles, 1793, 2 vol. in-18.

Beaucoup de poésies fugitives, contes, etc.

BACON, né à Londres en 1661, mort en 1626.

De la Dignité et de l'Accroissement des connaissances humaines.

Nouvel organe des sciences.

Essais de morale et de politique.

De la Justice universelle.

La Vie de Henri VII, roi d'Angleterre.

Tous ces ouvrages sont écrits en latin. Le citoyen Antoine Lasalle en prépare une traduction précieuse avec des notes historiques et littéraires ; il en parait déjà 3 vol. in-8.º, contenant le Traité de la Dignité, et l'Accroissement des Sciences.

BAILLY, né à Paris en 1736, mis à mort le 11 novembre 1793.

Outre l'ouvrage mentionné ci-dessus, on a encore de lui les suivans :

Essai sur la Théorie des Satellites de Jupiter avec les Tables de Jupiter, par M. Jeaurat. Paris, 1766, 1 vol. in-4.º

Eloge de Leibnitz, 1 vol. in-4.º

Lettres sur l'origine des Sciences et sur celle des peuples de l'Asie, etc., 1777, 1 vol. in-8.º

Lettres sur l'Atlantide de Platon, et sur l'ancienne Histoire de l'Asie. Londres, 1779, 1 vol. in-8.°

Sur l'origine de la Fable et des anciennes religions, 1781 -- 1782, 1 vol. in-8.°

Discours et Mémoires ; 1790, 2 vol. in-8.°

Procès-verbal des séances de l'Assemblée des électeurs de Paris, 1790, 3 vol. in-8.°

Beaucoup de pièces fugitives.

BAYLE, né en 1647, mort en 1706.

Œuvres diverses, contenant tout ce que cet auteur a publié sur des matières de théologie, de philosophie, de critique, d'histoire et de littérature. La Haye, Husson, 1727, 4 vol. in-folio.

Dictionnaire historique et critique, troisième édition, revue, corrigée et augmentée sur les manuscrits de l'auteur, par Prosper Marchand. Roterdam, 1720, 4 vol. in-fol.

BEAUMARCHAIS, né à Paris en 17....., mort l'an VII.

Eugénie, drame en cinq actes, 1767, in-8.°

Les deux Amis, ou le Négociant de Lyon, drame en 5 actes, 1770, in-8.°

Mémoires pour le sieur Beaumarchais, 1774, in-4.°, in-8.° et in-12.

Le Barbier de Séville, comédie en quatre actes, 1775, in-8.°

La Folle Journée, ou le Mariage de Figaro, 1784, in-8.°

La Mere coupable, ou l'autre Tartuffe, 1792, in-8.°

Tarare, opéra en cinq actes, avec un prologue, 1787, in-8.°

Plusieurs Écrits politiques et des Mémoires.

LA BEAUMELLE, né à Valleraugue en 1727; mort à Paris en 1773.

La Spectatrice danoise. Copenhague, 1749, 2 vol. in-12.

Mes Pensées. Paris, 1753, 1 vol. in-8.°

Pensées de Sénèque, en latin et en français. Paris, 1768, 1 vol. in-12.

Lettres et Mémoires de madame de Maintenon. Hambourg, 1756, 12 vol. in-12.

Le siècle de Louis XIV, avec des notes. Paris, 1754, 4 vol. in-12.

Commentaires sur la Henriade, revus et corrigés par M. F. Paris, 1775, 2 vol. in-8.°

BEAUZÉE, né à Verdun le 9 mai 1717, mort en en 1789.

Grammaire générale, ou Exposition raisonnée des élémens nécessaires du langage, pour servir de fondement à l'étude de toutes les langues, 1767, 2 vol. in-8.°

Synonymes français. Hambourg, 1795, 2 vol. in-12.

Les Histoires de Salluste, traduites en français avec le latin, des notes critiques et une table géographique, quatrième édition, 1788, 1 vol. in-12.

Histoire d'Alexandre-le-Grand, traduite du latin, de Quinte-Curce; nouvelle édition, 1789, 2 vol. in-12.

Optique de Newton, 1787, 2 vol. in-8.°

Des articles de Grammaire dans l'Encyclopédie.

BÉLIDOR, né en 1695 mort à Paris en 1765.

Sommaire d'un Cours d'architecture militaire, civile et hydraulique, 1720, 1 vol. in-12.

Nouveau Cours de mathématiques , à l'usage de l'artillerie , 1725 , 1 vol. in-4.º

La Science des ingénieurs , 1749 , 1 vol. 4.º

Le Bombardier , 1734 , 1 vol. in-4.º

Architecture hydraulique , 1737 et 1753 , 4 vol. in-4.º

Dictionnaire portatif de l'ingénieur , 1 vol. in-8.º

Traité des fortifications , 4 vol. in-4.º

BERENGER (*Jean-Pierre*), né à Genève en 1740....

Histoire de Genève , 1772, 6 vol. in-12.

Géographie de Busching. Lausanne , 1776--79 , 14 vol. in-8.º

Collection des Voyages autour du monde , 1788--89, 9 vol. in-8.º

Histoire des trois Voyages de Cook, 1795 , 3 vol. in-8.º

BERENGER (*Laurent*) , né en 1749.

Le Porte-feuille d'un Troubadour. Paris , 1782, 1 vol. in-8.º

Voyage en Provence , 1783 , 1 vol. in-8.º

Les Soirées provençales , 1786 , 3 vol in-12.

Recueil de Voyages amusans , 1787 , 7 vol. in-12.

Le Peuple instruit par ses propres vertus , 1787 , 2 vol. in-8.º

Ecole du Soldat et de l'Officier , 1788 , 3 vol. in-12.

Esprit de Mably et de Condillac , relatif à la morale et à la politique. Paris , 1789 , 2 vol. in-8.º

Beaucoup de pièces fugitives.

BERGIER , né à Darnay , en Lorraine , 1718.

Elémens primitifs des Langues , découverts par la

comparaison des racines de l'hébreu avec celles du grec , du latin et du français , 1764, 1 vol. in-12.

Le Déisme réfuté par lui-même , 1771, 1 vol. in-12.

Certitude des preuves du Christianisme , 1771, 1 vol. in-12.

L'Origine des Dieux du Paganisme , et le sens des Fables , découvert par une explication , suivie des poésies d'Hésiode , 1774 , 2 vol. in-12.

Apologie de la Religion chrétienne , 1776 , 2 vol. in-12.

Examen du Matérialisme , 1771 , 2 vol. in-12.

Traité historique et dogmatique de la vraie Religion , 1780 , 12 vol. in-12.

BERQUIN , né à Bordeaux en 1749 , mort à Paris en 1791.

Idylles , Yverdun , 1776 , 1 vol. in-8.o

Tableaux anglais , tirés des Feuilles périodiques ; Paris , 1775 , 1 vol. in-8.o

Romances. Paris , Didot , 1788 ; 1 vol. in-12.

L'Ami des Enfans. Paris , 1782 -- 83 , 24 vol. in-12.

Lectures pour les Enfans , 1784 ; 4 vol. in-12.

Introduction à la connaissance de la Nature , 1787 ; 3 vol. in-12.

Sandfort et Merton , 1786 , 7 vol. in-12.

Le Petit Grandisson , 1787, 5 vol. in-12.

Bibliothèque des Villages , 1790 , 3 vol. in-12.

Le Livre de Famille , 1791, 1 vol. in-12.

LA BILLARDIÈRE , né en.........

Relation du Voyage à la recherche de la Peyrouse ;

fait par ordre de l'Assemblée constituante, pendant les années 1791, 1792, la première et seconde année de la République française; an VIII, 2 vol. in-4.º, et un atlas in-fol. , ou 2 vol. in-8.º et le même atlas.

Icones Plantarum Syriæ rariorum, descriptionibus illustratæ, 1791. *Decas* 1. *et Decas* 2.

Rapport sur l'expédition d'Entrecasteaux, 1796, dans plusieurs journaux.

BITAUBÉ, né en 17......

De l'Influence des Belles-Lettres sur la Philosophie. Berlin, 1767, 1 vol. in-8.º

Joseph, poëme en 9 chants, dernière édition; Paris, 1793, 1 vol. in-8., ou 2 vol. in-18, fig.

Guillaume de Nassau, poëme en 10 chants, Amsterdam, 1773, 1 vol. in-8.º

Beaucoup de pièces fugitives.

DU BOCAGE, né à Rouen en 1710.

Le Paradis terrestre, poëme imité de Milton; Londres, 1748, 1 vol. gr. in-8.º

Les Amazones, tragédie, 1749, in-8.º

Mélange de vers et de prose, traduit de l'anglais; 1751, 2 vol. in-12.

La Colombiade, 1756, 1 vol. in-8.º

Œuvres poétiques; Paris, 1788, 2 vol. in-12.

BONNET, né à Genève en 1720, mort en 1793.

Traité d'Insectologie, Paris, 1745, 1 vol. in-12.

Recherches sur l'usage des feuilles dans les plantes. Leyde, 1754, 1 vol. in-4.º

Essai de Psychologie. Londres, 1755, 1 vol. in-8.º

Essai analytique sur les facultés de l'ame, 1770, 2 vol. in-8.º

Considérations sur les Corps organisés, 1762, 2 vol. in-8.º

Contemplation de la Nature. Neufchatel, 1782, 3 vol. in-8.º

Palingénésie philosophique, ou Idées sur l'état passé et sur l'état futur des êtres vivans. Genève, 1769, 2 vol. in-12.

Recherches sur le Christianisme. Genève, 1770, 1 vol. in-8.º

Œuvres d'Histoire naturelle et de philosophie. Genève, 1779 -- 83, 9 vol. in-4.º

BOSSUET né à Dijon en 1627, mort en 1704.

Discours sur l'Histoire universelle, 1682, 1 vol. in-4.º

Tous ses autres ouvrages roulent sur la Religion. On distingue surtout l'Exposition de la Doctrine de l'Eglise catholique, sur les Matières de Controverse ; les Oraisons funèbres, et les six Avertissemens conte= nant la défense de son Histoire des Variations des Eglises protestantes. La collection de ses Œuvres est en 20 vol. in-4.º

BOUGAINVILLE, né en........

Voyage autour du Monde par la frégate du roi la Boudeuse, et la flûte l'Etoile, en 1766 -- 69, avec le Journal du voyage fait par Banks et Solander, depuis 1768 jusqu'en 1771, traduit de l'anglais, par Freville. Paris, 1772, 3 vol. in-8.º, fig.

Le seul Voyage de Bougainville. Paris, 1771, 1 vol. in-4.º, ou 2 vol. in-8.º

Traité du Calcul intégral , 1754—56, 2 vol. in-4.0

BOULANGER, né en 1722, mort en 1759.

Recherches sur le Despotisme oriental , 1 vol. in-12.
Dissertation sur Elie et Enoch , 1 vol. in-12.
L'Antiquité dévoilée , 1766 , 3 vol. in-12.
Le Christianisme dévoilé , 2 vol. in-12.
On a imprimé dernièrement toutes ses Œuvres en 6 volumes in-8.0

BOURDALOUE, né à Bourges en 1722, mort en 1704.

Sermons donnés au Public par le père Bretonneau.
Paris , Rigaud, 1707, 16 vol. in-8.0, ou 16 vol. in-12.

BRUMOY, né à Rouen en 1688 , mort à Paris en 1742.

Théâtre des Grecs, 1763 , 6 vol. in-12 ou 6 vol. in-4.0
Œuvres latines et françaises , renfermant le Poëme des Passions , celui de la Verrerie , etc. , etc. , 4 vol. in-8.0

BURLAMAQUI, né à Genève en 1694 , mort en 1748.

Principes du Droit naturel et politique. Genève , 1764 , 3 vol. in-12 , ou 1 vol. in-4.0

BUY-DE-MORNAS, né à Lyon en 17...., mort à Paris en 1783.

Dissertation sur l'Education , 1747 , 1 vol. in-12.
Elémens de Cosmographie, 1749 , 1 vol. in-12.

Atlas méthodique et élémentaire de Géographie et d'Histoire, 1761 et suiv., 4 vol. in-fol.

Cosmographie méthodique et élémentaire, 1770, 1 vol. gr. in-8.o

CAILLE (la), né en 17....., mort en 1762.

Elémens d'Algèbre et de Géométrie, 1746, 1 vol. in-8.o

Leçons d'Astronomie, d'Optique et de Perspective, 1755, 1 vol. in-8.o

Leçons de Méchanique, 1743, 1 vol. in-8.o

Ephémérides pour les années 1745 jusqu'à 1775.... 1744 — 1755 — 1763, 3 vol. in-4.o

Fundamenta Astronomiæ, 1757, 1 vol. in-4.o

Table des Logarithmes, 1760, 1 vol. in-8.o

Traité de la Navigation, de Bouger, 1761, 1 vol. in-8.o

Cœlum australe, 1763, 1 vol. in-4.o

Tabulæ solares, 1758, 1 vol. in-4.o

Observations faites au Cap de Bonne-Espérance, 1 vol. in-4.o

Journal de son Voyage au Cap, 1 vol. in-12.

CHAMPFORT, né en 1741, s'est tué en 1793.

La jeune Indienne, comédie en 1 acte. Paris, 1764, in-8.o

Mustapha et Zéangir, tragédie en 5 actes, 1778, in-8.o

Eloge de Molière, 1765, in-8.o

Eloge de la Fontaine, 1774, in-8.o

Le Marchand de Smyrne, comédie en 1 acte, 1770, in-8.o

Dictionnaire dramatique avec Laporte , 1776 , 3 vol.
in-8.º

Beaucoup de poésies , de discours , de mémoires , etc.

Œuvres complettes données par Ginguené , 1795 ,
4 vol. in-8.º

CHARDIN , né à Paris ... mort à Londres en 1713.

Voyages en Perse et autres lieux de l'Orient , avec
des figures en taille - douce qui représentent les antiquités et les choses les plus remarquables du pays.
Amsterdam , 1735 , 4 vol. in-4.º

---- Paris , 1723 , 10 vol. in-12.

CHARRON , né à Paris en 1541 , mort en 1603.

Traité de la Sagesse , 1601 , 1 vol. in-8.º
Les trois Vérités , 1 vol. in-8.º
Seize Discours chrétiens , 1600 , 1 vol. in-8.º

COCHIN , né à Paris en 1687 , mort en 1747.

Œuvres de Cochin , contenant ses plaidoyers , factum ,
mémoires , etc. Paris , 1751 , 6 vol. in-4.º

CONDORCET , né en 1743 , mort en 1794.

Du Calcul intégral , 1765 , 1 vol. in-4.º
Du Problème des trois Corps , 1767 , 1 vol. in-4.º
Essai d'Analyse , 1768 , 1 vol. in-4.º
Vie de Turgot , 1786 , 2 vol. in-8.º
Vie de Voltaire ; 1790 , 1 vol. in-8.º
Plan de Constitution française , 1793 , 1 vol. in-8.º
Rapport sur l'Instruction publique , 1793 , 1 vol. in-8.º
Esquisse d'un Tableau historique des progrès de
l'esprit humain , (œuv. posth.) 1795 , 1 vol. in-8.º

Les Eloges de l'Hopital, le chancelier; de Pascal, de Bernouilli, de Maurepas, de Courtenvaux, de Dalembert, d'Euler, etc.

Beaucoup de discours et d'écrits patriotiques.

Cook, né en 1725, mort dans l'île d'Owhyhée le 14 février 1779.

Les trois Voyages autour du monde, par le chef d'escadre Byron, Carteret, Wallis, Cook et Forster, dans l'hémisphère méridional, l'hémisphère austral et l'océan pacifique, traduits de l'anglais, par Suard et et Desmeunier. Paris, 1774--1778--1785, 13 vol. in-4.º, ou 18 vol. in-8.º, fig.

Vie de Cook, 1 vol. in-4.º ; ou 1789, 2 vol. in-8.º

Cousin, né en

Leçons du Calcul différentiel et intégral, 1778, 2 vol. in-8.º

Introduction à l'Etude de l'Astronomie physique, 1787, 1 vol. in-8.º

Traité du Calcul différentiel et du Calcul intégral, 1796, 2 vol. in-8.º

Crouzas, né à Lauzanne en 1663, mort en 1748.

Système de Réflexions qui peuvent contribuer à la netteté et à l'étendue de nos connaissances, ou Nouvel Essai de logique, d'abord en 2 vol. in-8.º, puis en 6 vol. in-12 ; enfin, abrégée en 1 vol. in-12.

Traité de l'Education des Enfans, 2 vol. in-12.

Traité du Beau, 2 vol. in-12.

Examen du Pyrronisme, contre Bayle, 1 vol. in-fol.

Examen du Traité de la Liberté de penser, contre Collins, 1 vol. in-8.º

Examen et Commentaires sur l'Essai de Pope sur l'Homme.

Des Traités de physique, des Sermons, des Œuvres diverses.

DACIER, né à Castres en 1651, mort en 1722.

L'Edition de Verrius-Flaccus, *ad usum Delphini*, avec des notes, 1 vol. in-4.º

Nouvelle Traduction d'Horace, 10 vol. in-12.

Réflexions morales de l'empereur Antonin, 2 vol. in-12.

La Poétique d'Aristote, 1 vol. in-4.º

Les Vies de Plutarque, 8 vol. in-4.º ou 12 vol. in-12.

L'Œdipe et l'Electre de Sophocle, 1 vol. in-12.

Les Œuvres d'Hippocrate, 1697, 2 vol. in-12

Une partie des Œuvres de Platon, 2 vol. in-12.

DACIER, épouse du précédent, née en 1651, morte en 1720.

Traduction de trois comédies de Plaute : *l'Amphitryon, le Rudens et Lepidicus.*

Traduction de l'Iliade et l'Odyssée d'Homere, 1756, 8 vol. in-12.

Considérations sur les causes de la corruption du goût, 1714, 1 vol. in-12.

Traduction du *Plutus* et des *Nuées* d'Aristophane.

Traduction d'Anacréon et de Sapho.

DAGUESSEAU, né à Limoges en 1668, mort en 1751.

Œuvres complettes, Yverdun (Lyon), 1759, 24 vol. in-8.º

DALEMBERT, né à Paris en 1717, mort en 1783.

Traité de Dynamique. Dernière édition, 1796, 1 vol. in-4.º

Traité de l'Equilibre et du Mouvement des fluides, 1744, 1 vol. in-4.º

Réflexions sur la Cause générale des Vents, 1746, 1 vol. in-4.º

Recherches sur la Précession des Equinoxes, 1748, 1 vol. in-4.º

Essai d'une nouvelle Théorie de la résistance des fluides, 1752, 1 vol. in-4.º

Recherches sur différens points importans du Système du Monde, 1754 -- 56, 3 vol. in-4.º

Nova Tabularum Lunarium emendatio, 1756, 1 vol. in-4.º

Opuscules de Mathématiques, 1761 -- 73, 6 vol. in-4.º

Elémens de Musique théorique et pratique sur les principes de M. Rameau, éclaircis, développés et simplifiés, 1762, 1 vol. in-8.º

Mélanges de Littérature, d'Histoire et de Philosophie, 1767, 5 vol. in-12.

Réflexions sur l'application du calcul de probabilité à l'inoculation de la petite-vérole, 1760, 1 vol. in-4.º

Histoire des Moines mendians, 1768, 1 vol. in-12.

Beaucoup d'éloges et d'autres écrits ; la préface et beaucoup d'articles de l'Encyclopédie, etc.

DESESSARTS, né en....

Causes célèbres, curieuses et intéressantes de toutes les cours souveraines du royaume, avec les jugemens qui les ont décidées, 1775 -- 1783, 121 vol. in-12.

Choix de nouvelles Causes célèbres, 1785 -- 87 ; 25 vol. in-12.

Essai sur l'Histoire générale des Tribunaux, tant anciens que modernes, 1778 -- 84, 9 vol. in-8.°

Procès fameux extraits de l'ouvrage précédent, 1786-- 90, 12 vol. in-12.

Dictionnaire universel de Police, 1786 -- 90, 8 vol. in-4.°

Histoire des grands criminels, 1789 -- 90, 10 vol· in-12.

Procès fameux jugés avant et depuis la Révolution ; 1795 : ouvrage périodique qui en est au 18.° vol. in-12.

Il a plusieurs autres ouvrages, et est éditeur de la Bibliothèque d'un homme de goût, des Grands Hommes de Plutarque ; des Poésies de Chaulieu, de Thomas, d'un dictionnaire bibliogr., etc., etc., etc.

DESFONTAINES, né à Rouen, 1695, mort en 1745.

Le Nouvelliste du Parnasse, 1731, 2 vol. in-12.

Observations sur les Ecrits modernes, 1735, 33 vol. in-12.

Jugemens sur les Ouvrages nouveaux, 1744, 11 vol. in-12.

De ces trois ouvrages périodiques, les deux premiers ont été supprimés par ordre du ministère.

Traduction de Virgile, 4 vol. in-12 ou in-8.°

Les Voyages de Gulliver, 1 vol. in-12.

Le Nouveau Gulliver, 2 vol. in-12.

Les Aventures de Joseph Andrews, traduites de l'anglois, 2 vol. in-12.

L'Histoire de don Juan de Portugal, 1 vol. in-12.

Beaucoup d'autres ouvrages. L'abbé de la Porte a

donné, en 1757, l'Esprit de l'abbé Desfontaines, 4 vol. in-12.

DIDEROT, né à Langres en 1713, mort à Paris en 1784.

Histoire de la Grèce, traduite de l'anglais, 1743, 3 vol. in-12.

Principes de Philosophie morale, etc., 1745, 1 vol. in-12.

Dictionnaire universel de Médecine, (avec Eidous et Toussaint) 1746, 6 vol. in-fol.

Pensées philosophiques, 1746, 1 vol. in-12.'

Mémoires sur différens sujets de mathématiques, 1748, 1 vol. in-8.º

Les Bijoux indiscrets, 1748, 3 vol. in-12.

Lettres sur les Aveugles, à l'usage de ceux qui voient, et Lettres sur les Sourds et Muets, 1749--1751, 2 vol. in-12.

Le Code de la Nature et de l'Interprétation de la Nature, 1754, 1 vol. in-12.

Le Fils naturel, drame, 1757, 1 vol. in-8.º

Le Père de famille, drame, 1758, 1 vol. in-8.º

Essais sur la Peinture, 1795, 1 vol. in-8.º

Jacques le Fataliste, 1796, 1 vol. in-8.º

La Religieuse, 1796, 1 vol. in-8.º

Plusieurs autres ouvrages.

DUCIS, né en

Hamlet, tragédie en 5 actes, 1770, in-8.º

Romeo et Juliette, drame en 5 actes, 1772 in-8.º

Œdipe chez Admete, tragédie, 1780, in-8.º

Le Roi Lear , tragédie en 5 actes , 1783 , in-8.o

Macbeth , tragédie , 1784 , in-8.o

Othello, ou le Maure de Venise, tragédie en 5 actes , in-8.o

Jean Sans-Terre , ou la mort d'Arthur , tragédie en 3 actes , 1792 , in-8.o

Abufar , ou la Famille arabe , tragédie en 5 actes , in-8.o

Plusieurs Epîtres , Poëmes , etc.

FABRE D'EGLANTINE , né en ..... mis à mort en 1794.

Le Philinte de Moliere , ou la suite du Misantrope , comédie en 5 actes et en vers , 1790 , in-8.o

Le Convalescent de qualité , comédie en 2 actes , 1791 , in-8.o

Le Collatéral , ou l'Amour et l'Intérêt , comédie en 3 actes et en vers, 1792 , in-8.o

L'Intrigue épistolaire, comédie en 5 actes et en vers , 1792 , in-8.o

Les Précepteurs , comédie posthume en 5 actes et en vers , an VII , in-8.o

FLECHIER , né à Pernes en 1632, mort à Montpellier en 1710.

Œuvres mêlées , en vers et en prose , 1 vol. in-12.

L'édition *de Casibus illustrium Virorum* , par Gratiani , 1 vol. in-4.o

Panégyrique des Saints , 1690 , 1 vol. in-4.o

Oraisons funèbres , 1 vol. in-4.o et in-12.

Des Sermons , 2 vol. in-12.

Histoire de l'empereur Théodose, 1678, 1 vol in-4.o ou in-12.

La Vie du cardinal Ximénès, 2 vol. in-12 ou 1 in-4.o

La Vie du cardinal Commendon, 2 vol. in-12 ou 1 in-4.o

Œuvres posthumes, 2 vol. in-12.

FONTENELLE, né à Rouen en 1657, mort en 1757.

Lettres du chevalier d'Her . . . . . 1685, 1 vol. in-12.

Entretiens sur la pluralité des Mondes, 1686, 1 vol. in-12.

Histoire des Oracles, 1687, 1 vol. in-12.

Poésies pastorales, etc., 1688, 1 vol. in-12.

Histoire du Théâtre français jusqu'à Corneille . . . .

Elémens de Géométrie de l'infini, 1727, 1 vol. in-4.o

Théorie des Tourbilllons, de Descartes . . . . . .

Des discours moraux et philosophiques, des Pièces de Théâtres, des Poésies fugitives, etc. Toutes ses œuvres, 11 vol. in-12.

GENLIS, née en . . . . .

Théâtre d'Education, 1779, 7 vol. in-8.o ; 1785, 5 vol. in-12.

Théâtre de Société, 1781, 2 vol. in-8.o

Annales de la Vertu, 1781, 2 vol. in-8.o

Adèle et Théodore, 1782, 3 vol. in-8.o

Les Veillées du château, 1784, 3 vol. in-8.o

La Religion considérée comme l'unique base, etc., 1787, in-8.o

Pièces tirées de l'Ecriture sainte, 1787, in-8.o

Leçons d'une Gouvernante à ses Elèves, 1791, 2 vol.

Nouveau Théâtre sentimental, 1791, 1 vol. in-8.o

Les Chevaliers du Cygne, 1795, 2 vol. in-8.o

Les Petits Émigrés , 2 vol. in-18.

Précis de ma Conduite , 1796 , 1 vol. in-8.o

Plusieurs autres ouvrages.

GIRARD , né en   , mort en 1748.

Synonimes français , 2 vol. in-12.

Principes de la Langue française , 1747, 2 vol. in-12.

HOBBES , né à Malmesbury en 1588 , mort à Hardwick en 1679.

Elementa philosophica , seu Politica de Cive. Paris , 1642 , 1 vol. in-4.o

Leviathan , seu de Republica , 1650, 1 vol. in-fol.

Du Corps politique , ou Elémens de Droit, 1653 , 2 vol. in-12.

Décameron philosophique , en anglais , 2678, 1 vol. in-12.

Œuvres philosophiques et politiques. Neufchatel , 1787 , 2 vol. in-8.o

HUET , né à Caen en 1630 , mort en 1721.

Demonstratio evangelica , 1679 , 1 vol. in-fol. 1690 , 1 vol. in fol. , et Naples 1731 , 2 vol. in-4.o

De l'Origine des Romans , 1 vol. in-12.

Traité de la Faiblesse de l'Esprit humain, 1 vol. in-12.

De la Situation du Paradis terrestre , 1 vol. in-12.

Histoire du Commerce et de la Navigation des Anciens. Lyon , 1763 , 1 vol. in-8.o

Beaucoup d'autres ouvrages sur la Religion , contre Descartes , etc.

LAHARPE, né........

Le Comte de Warwick, tragédie en 5 actes, 1764, in-8.°

Timoléon, tragédie en 5 actes, 1764, in-8.°

Gustave Vasa, tragédie, 1766, in-8.°

Mélanie, drame en trois actes, avec d'autres pièces, 1792, 1 vol. in-8.°

Les douze Césars, tragédie de Suétone, 1770, 2 vol. in-8.°

La Louisiade de Camoens, trad. du portugais. Poëme en 10 chants, 1776, 2 vol. in-8.°

Menzikoff, tragédie, 1776, in-8.°

Les Barmécides, tragédie, 1778, in-8.°

Les Muses rivales, comédie en 1 acte et en vers libres, 1779, in-8.°

Abrégé de l'Histoire générale des Voyages, 1780 et suiv., 25 vol. in-8.°, atlas in-4.°

Tangu et Félime, poëme en 4 chants, 1780, 1 vol. in-8.°

Philoctète, tragédie en 3 actes, 1784, in-8.°

Jeanne de Naples, tragédie en 5 actes, 1783, in-8.°

Coriolan, tragédie en 5 actes, 1784, in-8.°

Virginie, tragédie en 5 actes, 1793, 1 vol. in-8.°

Une infinité d'autres pièces de poésie, de discours, d'éloges, de morceaux de politique, littérature, religion, etc.

LALANDE, né à Bourg-en-Bresse en 1732.

Tables astronomiques de Halley, pour les planètes et les comètes, augmentées, 1759, 1 vol. in-8.°

Exposition du Calcul astronomique, 1762, 1 v. in-8.°

Astronomie, troisième édition, 1792, 3 vol. in-4ᵉ.

L'Art de faire le papier, 1761, in-fol. fig.

L'Art du Parcheminier, 1762, in-fol., fig.

— Du Cartonnier, 1763, in-fol., fig.

— Du Chamoiseur, 1763, in-fol. fig.

— Du Tanneur, 1764, in-fol, fig.

— Du Mégissier, 1765, in-fol., fig.

— De faire le maroquin, 1766, in-fol., fig.

— De l'Hongroyeur, 1766, in-fol.

— Du Corroyeur, 1767.

Voyage d'un Français en Italie, dernière édition. Paris, 1790, 7 vol. in-8.ᵠ

Dissertation sur la cause de l'élévation des liqueurs dans les tubes capillaires, 1770, 1 vol. in-12.

Des Canaux de navigation, spécialement de celui de Languedoc, 1777, 1 vol. in-fol.

Traité de Navigation, contenant la Théorie et la Pratique du Pilotage, par Bouger, troisième édition, 1792, 1 vol. in-8.ᵠ

Abrégé de Navigation historique, théorique et pratique, 1793, 1 vol. in-4.ᵒ

Leçons élémentaires d'Astronomie, Géométrie et Physique, par la Caille, quatrième édition, augmentée, 1780, 1 vol. in-12.

Astronomie des Dames, deuxième édition, 1795, in-18.

Mémoire sur l'intérieur de l'Afrique, 1795, in-8.ᵒ

Beaucoup d'autres écrits et des mémoires dans les journaux.

MONNOYE, né à Dijon en 1641, mort à Paris
n 1728.

ésies françaises, 1716 — 1721, 1 vol. in-8.°
ouvelles Poésies françaises, 1743, 1 vol. in-8.°
es Noëls bourguignons, 1720 — 1737, 1 vol. in-8.°
es Remarques sur les jugemens des savans, de
let, sur le *Menagiana* ; Dissertation sur le livre
tribus Impostoribus, et sur le moyen de parvenir ;
notes sur la Bibliothèque de Colomiès, et sur le
ballum mundi, etc. Le Recueil de ses Œuvres a
1 en 1769, en 3 vol. in-8.°

MOTTE, né à Paris en 1672, mort en 1731.

Euvres complettes, 1754, 11 vol. in-12.
n y trouve 4 tragédies : les Machabées, Romu-
, Œdipe et Inès de Castro.
ix comédies : l'Amante difficile, Minutolo, le Ca-
lrier des Vieillards, le Talisman, la Matrone
phèse et le Magnifique.
)es opéras : l'Europe galante, Issé, l'Amadis de
ce, le Triomphe des Arts, Omphale, Marthésie,
Carnaval et la Folie, la Vénitienne, Alcione, Se-
lé, Scanderberg et le ballet des Ages.
)es Odes, des Cantates, des Hymnes, des Psaumes,
gt Eglogues.
)es Fables.
sa pitoyable traduction en vers, de l'Iliade d'Homère.
Et enfin des discours en prose.

NGLE (de), né en......
Voyage de Figaro en Espagne, première édition,

1785, 2 vol. in-12 ; derniere édition, 1796, 1 vol. in-8.º
Tableau pittoresque de la Suisse, 1790, 1 vol. in-12.

Laporte (de), né à Béfort en 1718, mort à Paris en 1779.

Voyage en l'autre Monde, 1752, 2 vol. in-12.

L'Antiquaire, comédie de collége, en trois actes et en vers, 1749, in-8.º

Observations sur la Littérature moderne, 1749 et suiv., 9 vol. in-12.

L'observateur littéraire, 1761 et suiv., 18 vol. in-12.

Ecole de Littérature, 1767, 2 vol. in-12.

Le Voyageur Français, continué par Domairon, 1765 et suiv., 42 vol. in-12.

Bibliothèque des Génies et des Fées, 1765, 2 vol. in-12.

Le Porte-Feuille d'un homme de goût, 1780, 3 vol. in-12.

Histoire littéraire des Femmes françaises, 1769, 5 vol. in-8.º

Dictionnaire d'anecdotes dramatiques, avec Clément, 1775, 4 vol. in-8.º

Dictionnaire dramatique, avec Champfort, 1776, 3 vol. in-8.º

Nouvelle Bibliothèque d'un homme de goût, 1777, 4 vol. in-12.

La France littéraire, 1778, 2 vol. in-8.º

L'Esprit de Desfontaines, de Bourdaloue, de Castel, de Rousseau, des Monarques philosophes ; Pensées de Massillon, de l'abbé Prévot.

D'autres petits ouvrages.

LAQUENTINIE, né en 1626, mort à Paris en 1709.

Instructions pour les Jardins fruitiers et potagers, 1725, 2 vol. in-4.°

LENGLET-DUFRENOY, né à Beauvais en 1674, mort en 1755.

Arrêts d'Amour, 1731, 2 vol. in-12.

Nouveau Testament latin, 1703, 2 vol. in-16.

Le *Rationarium Temporum*, de Petau, continué depuis 1631 jusqu'en 1702. Paris, 1703, 3 vol. in-8.°

Commentaire de Dupuy sur le Traité des Libertés de l'Eglise gallicane, de Pierre Pithou, 1715, 2 vol. in-4.°

L'Imitation de J. C., traduite et augmentée d'un chapitre.

Réfutations des Erreurs de Spinosa, par Fénélon, Lami et Boulainvilliers, 1731, 1 vol. in-12.

Œuvres de Clément Marot, 1731, 4 vol. in-4.°, ou 6 vol. in-12.

Satyres et autres Œuvres de Regnier, 1733, 1 v. in-4.°

Le Roman de la Rose, 1735, 3 vol. in-12.

Une édition latine de Catulle, Properce et Tibulle, 1743, in-12.

Le sixième volume des Mémoires de Condé, 1743, 1 vol. in-4.°

Journal de Henri III, 1744, 5 vol. in-8.°

Mémoires de Commines, 4 vol. in-4.°

Mémoires de la Régence du duc d'Orléans, 1749, 5 vol. in-12.

Métallurgie, traduite de l'espagnol, d'Alphonse Barba, 1751, 2 vol. in-12.

Cours de Chymie , de Lefebvre , 5 vol. in-12. Les deux derniers volumes sont de l'éditeur.

Méthode pour étudier l'Histoire , 12 vol. in-12.

Méthode pour étudier la Géographie , 10 vol. in-12.

De l'usage des Romans , 1734 , 2 vol. in-12.

L'Histoire justifiée contre les Romans , 1735 , 1 vol. in-12.

Géographie des Enfans , 1 vol. in-12.

Principes de l'Histoire , 6 vol. in-12.

Principes de la Philosophie hermétique , 1742 , 3 vol. in-12.

Tablettes chronologiques ; dernière édition , augmentée , 1778 , 2 vol. in-8.º

Traité historique et dogmatiques sur les Apparitions et les Visions , 1751 , 2 vol. in-12.

Recueil de Dissertations sur les Apparitions , les Visions et les Songes , 1752 , 4 vol. in-12.

Histoire de Jeanne d'Arc , 1753 , 1 vol. in-12.

LINGUET , né à Reims en 1736 , mis à mort en 1794.

Histoire du siècle d'Alexandre , 1769 , 1 vol. in-12.

Histoire des Révolutions de l'Empire romain , 1766 , 2 vol. in-12.

La Cacommade , ou Histoire politique et philosophique du Mal de Naples , 1766 , 1 vol. in-12.

Théorie des Loix civiles , ou Principes fondamentaux de la Société. Londres , 1767 , 1 vol. in-12 ; dernière édition , 1774 , 2 vol. in-12.

L'Histoire impartiale des Jésuites , 1768 , 1 vol. in-8.º

Théâtre espagnol , 1768 , 4 vol. in-12.

Du plus heureux Gouvernement, ou Parallèle des

Constitutions politiques de l'Asie avec celles de l'Europe, 1774, 2 vol. in-12.

Essai philosophique sur le Monachisme, 1777, 1 vol. in-8.º

Mémoires sur la Bastille, 1783, 1 vol. in-8.º

Réflexions sur la Lumière, 1787, in-8.º

Journal politique et littéraire, commencé en 1774, continué jusqu'en 1776, in-8.º

Annales politiques, civiles et littéraires, commencées en 1777, interrompues quelques tems en 1790.

Mémoires et plaidoyers. Liège, 1776, 11 vol. in-12.

Beaucoup de brochures contre les Économistes, et sur l'administration en général.

MALEBRANCHE, né à Paris en 1638, mort en 1715.

La Recherche de la Vérité, 1712, 1 vol. in-4º., ou 4 vol. in-12.

Conversations chrétiennes, 1677, 1 vol. in-12.

Traité de la Nature et de la Grâce, 1 vol. in-12.

Méditations chrétiennes et Métaphysiques, 1683, 1 vol. in-12.

Entretiens sur la Métaphysique et la Religion, 1688, 2 vol. in-12.

Traité de l'Amour de Dieu, 1697, 1 vol. in-12.

Traité de l'Ame, 1 vol. in-12.

Réflexion sur la Prémotion physique, etc.

MANNORY, né à Paris en 1696, mort en 17...

Plaidoyers et Mémoires contenant des questions intéressantes, etc. 1759 et suiv., dix-sept vol. in-12.

MARIVAUX, né à Paris en 1688, mort en 1763.

Théâtre , 4 vol. in-12.
Télémaque travesti , 1734, 4 vol. in-12.
Le Spectateur français , 2 vol. in-12.
Le Philosophe indigent , 2 vol. in-12.
Vie de Marianne , 2 vol. in-12.
Le Paysan parvenu , 1 vol. in-12.
Le nouveau Don Quichotte. . . . . .

MARMONTEL, né à Bort en 1719, mort en l'an VII.

Aristomènes , tragédie , 1750 , in-12.
Cléopâtre , tragédie , 1750, in-12 et 1784, in-8.º
Les Heraclides , tragédie , 1751 , in-12.
Vinceslas , (par Rotrou) retouché , 1759 , in-8.º
Hercule mourant , tragédie , 1761 , in-12.
Contes moraux. Paris , 1770 , 4 vol. in-12.
Poétique française , 1763 , 3 vol. in-8.º
La Bergère des Alpes , 1766 , in-8.º
Bélisaire , 1767 , 1 vol. in-8.º
La Pharsale , traduite du latin , de Lucain , 1766,
2 vol. in-8.º
La nouvelle Annette et Lubin , 1767 , in 8.º
Le Huron , opéra en 2 actes , 1768 , in-8.º
Lucile , opéra en un acte , 1769 , in-8.º
Sylvain , opéra en un acte , 1770 , in-8.º
Zemire et Azor , comédie , ballet , en 4 actes , 1771 ,
in-8.º
L'Ami de la Maison, opéra en 3 actes , 1772 , in 8.º
Essai sur la révolution de la Musique en France ,
1772 ; in-8.º

La Fausse Magie, opéra en un acte, 1775, in-8.ᵉ

Cephale et Procris, tragédie lyrique en 3 actes, 1775, in-8.º

Les Incas, ou la Destruction de l'empire du Pérou, 1777, 2 vol. in-8.º

Didon, tragédie lyrique, 1784, in-8.º

Roland, tragédie lyrique (Quinault), mise en trois actes, 1778, in-4.º

Elémens de Littérature, 1787, 6 vol. in-8.º

Démophon, tragédie lyrique, en 3 actes, 1789, in-8.º

Nouveaux Contes moraux, 1792, 2 vol. in-12.

Œuvres complettes, 1787, 17 vol. in-8.º ou in-12.

Il a travaillé pour l'Encyclopédie, et a fait encore des discours, des pièces fugitives, etc.

MASSILLON, né à Hieres en 1663, mort en 1742.

Œuvres complettes, 1745 -- 1746, 14 vol. in-12, ou 12 tom. petit papier : elles renferment un Avent et un Carême complets, des Oraisons funèbres, des Discours, des Panégyriques, dix Discours formant le Petit-Carême ; des Conférences ecclésiastiques ; des Paraphrases.

MAUPERTUIS, né à Saint-Malo en 1698, mort en 1759.

Œuvres. Lyon, 1756, 4 vol. in-8.º

On y trouve la majeure partie des ouvrages suivans :

La figure de la terre déterminée,

La mesure d'un degré du méridien,

Discours sur la figure des astres,

Elémens de Geographie,

Astronomie nautique ,
Dissertation physique à l'occasion d'un nègre blanc,
Venus physique ,
Essai de Cosmologie ,
Réflexions sur l'origine des Langues ,
Essai de Philosophie morale ,
Plusieurs Lettres et un Eloge de Montesquieu.

MAURY, né à Valreas en 1746.

Eloge du Dauphin , 1766 , in-8.º
— De Stanislas-le-Bienfaisant , 1766 , in-8.º
— De Charles V , roi de France , 1767 , in-8.º
— De Fénélon , 1771 , in-8.º
Panégyrique de Saint Louis , 1772 , in-8.º
Discours choisis sur divers sujets de Religion et de Littérature , 1777 , un vol. in-12.
Principes de l'éloquence pour la chaire et le barreau, 1772 , un vol in-12.
Opinion sur le droit de faire la guerre , etc. , 1790, in-8.º
— Sur les Finances et la Dette publique , 1790 , in-8.º
— Sur l'Affaire de la dot de la reine d'Espagne , 1791 , in-8.º
— Sur la Réunion d'Avignon à la France , 1791, in-8.º
— Sur la Régence , 1791 , in-8.º
Réflexions sur la Constitution civile du Clergé , 1790 , in-8.º
Epistola pastoralis ad Clerum et Populum utriusque Diœcesis suæ (Montisfaloci et Corneti, Montefiascone et Corneto.) *Romæ* , 1794 , 1 vol. in-8.º
Pensées et Maximes , 1791 , 1 vol. in-8.º

MERCIER, né à Paris, en 1740.

Histoire d'Izerben, poëte arabe, 1766, 1 vol in-12.

L'Homme Sauvage, 1767, 1 vol. in-8.º

Songes philosophiques, 1768, 1 vol. in-12.

La Jolie Femme, 1769, 2 vol. in-12.

Contes moraux, ou les Femmes comme il y en a peu, 1769, 2 vol. in-12.

L'an 2440, Songe, s'il en fut jamais, 1770, 1 vol. in-8.º ; dernière édition, 1795, 3 vol. in-8.º

Le Déserteur, drame en 5 actes, 1770, in-8.º

Olinde et Sophronie, drame en 5 actes, 1771, in-8.º

L'Indigent, drame en 4 actes, 1772, in-8.º

Le faux Ami, drame en 3 actes, 1772, in-8.º

Jean Hennuyer, évêque de Lisieux, drame en 3 actes, 1772.

Childeric, premier Roi de France, drame en 3 actes, 1774, in-8.º

Le Juge, drame en 3 actes, 1774, in-8.º

Natalie, drame en 3 actes, 1775, in-8.º

La Brouette du Vinaigrier, drame en 3 actes, 1775, in-8.º

Molière, drame imité de Goldoni, en 5 actes, 1776, in-8.º

Le Gentillâtre, comédie en 3 actes, 1792, in-8.º

Les Tombeaux de Vérone, drame en 5 actes, 1792, in-8.º

Zoé, drame en 3 actes, 1782, in-8.º

L'Habitant de la Guadeloupe, comédie en 4 actes, 1784, in-8.º

Montesquieu à Marseille, pièce en 3 actes, 1784, in-8.º

La Maison de Molière, comédie en 5 actes, 1788, in-8.º

Charles II en certain lieu, comédie en 5 actes, 1788, in-8.º

Le Vieillard et ses trois Filles, pièce en trois actes, 1792, in-8.º

Timon d'Athènes, pièce en 5 actes, 1794, in-8.º

Du Théâtre, ou nouvel Essai sur l'Art dramatique, 1773, 1 vol. in-8.º

De la Littérature et des Littérateurs, 1778, 1 vol. in-8.º

Le Tableau de Paris , 1782 -- 89, 12 vol. in-8.º

Mon Bonnet de Nuit, 1783 , 4 vol. in-8.º

Mon Bonnet du Matin 1787, 4 vol. in-12.

Portraits des Rois de France , 1783 , 4 vol. in-8.º

Notions claires sur le Gouvernement, 1788, 2 v. in-8.º

Les Malheurs du Sentiment, traduit de l'anglais de Fielding, 1789, 2 vol. in-12.

De l'Association des Princes du Corps germanique, 1739, 1 vol. in-8.º

Songes et Visions philosophiques, 1789, 2 vol. in-8.º

Fictions morales , 1792 : 3 vol. in-8.º

Fragmens de Politique et d'Histoire , 1794 , 3 vol. in-8.º

Beaucoup d'autres écrits , soit avant la révolution, soit dans les journaux , soit à l'Institut.

MILLOT, né à Besançon en 1726, mort en 1785.

Essai sur l'Homme, traduit de l'anglais, de Pope, 1761 , in-12.

Harangues choisies des Historiens latins, 1764, 2 vol. in-12.

Harangues d'Eschine et de Démosthènes, sur la Couronne, 1764, in-12.

Elémens de l'Histoire de France depuis Clovis jusqu'à Louis XV, 1767 — 69, 3 vol. in-12.

Elémens de l'Histoire d'Angleterre depuis la conquête romaine jusqu'à Georges II, 1769, 3 vol. in-12.

Elémens de l'Histoire générale ancienne, 1772, 4 vol. in-12.

Elémens de l'Histoire générale moderne, 1772, 5 vol. in-12.

Histoire littéraire des Troubadours, 1774, 3 vol. in-12.

Mémoires politiques et militaires, pour servir à l'Histoire de Louis XIV et Louis XV, 1777, 6 v i.n-12.

Beaucoup de discours académiques.

MIRABEAU, né en 1750...., mort à Paris en 1791.

Des Lettres de cachet et des Prisons d'état, 1782, 2 vol. in-8.o

Erotika Biblion, 1783, 1 vol. in-8.o

De la Monarchie prussienne sous Frédéric-le-Grand, 1788, 4 vol. in-4.o, ou 8 vol. in-8.o

Histoire secrète de la cour de Berlin, 1789, 3 vol. in-12.

Histoire d'Angleterre, depuis l'avénement de Jacques I.er jusqu'à la révolution, trad. de l'anglais, de Catherine Macaulay Graham, 1791, 2 vol. in-8.o

Théorie de la Royauté, d'après la doctrine de Milton, 1771, 1 vol. in-8.o

Collection complète des travaux de Mirabeau à l'assemblée nationale, etc., publiée par Etienne Méjan, 1791, 5 vol. in-8.o

Lettres originales de Mirabeau, écrites du donjon de Vincennes pendant les années 1777--80, contenant tous les détails sur sa vie privée, ses malheurs et ses amours avec Sophie de Ruffei, marquise de Monnier. Par P. Manuel, 1792, 4 vol. in-8.º

Essai sur le Despotisme, troisième édition, 1792, 1 vol. in-8.º

Elégies de Tibulle, et Baisers de Jean second, 1796, 3 vol. in-8.º

Lettres de Mirabeau à Champfort, 1796, 1 vol. in-8.º

Beaucoup d'autres écrits détachés.

Son père a donné l'Ami des hommes, 1756--60, 6 vol. in-4.º, ou 8 vol. in-12. et la Théorie de l'impôt, 1 vol. in-12, ou in-4.º, ainsi que les Elémens de la Philosophie rurale, 1768, 1 vol. in-12, etc., etc.

Il n'est point auteur du Système de la Nature, que l'on a ensuite attribué à tort à M. Mérian. Cet ouvrage est du Baron d'Holbac.

MONTALEMBERT, né en.....

La Fortification perpendiculaire, 1776--1794, 10 vol. in-4.º

Mémoires historiques sur la fonte des canons, 1758, in-4.º

Plusieurs autres ouvrages et des Mémoires dans le Recueil de l'Académie des sciences.

NEWTON, né en 1642, mort en 1727.

Principia mathematica Philosophiæ naturalis, 1687, 1 vol. in-4.º

Optique ou Traité de la lumière des couleurs, trad. par Coste, 1722, 1 vol. in-4.º

La Chronologie des anciens Royaumes , corrigée, 1728 , 1 vol. in-4.º

Arithmétique universelle.

Analysis per quantitum series , fluxiones et differentias , etc.

NICOLE, né à Chartres en 1625 , mort à Paris en 1695.

Essais de Morale. Paris , 1704 , 13 vol. in-12.

Traduction latine des Lettres provinciales avec des notes , sous le nom de Wendrock , première édition , 1658 ; seconde édition , 1665, 3 vol. in-12.

Epigrammatum Delectus , 1 vol. in-12.

Une infinité d'autres ouvrages sur la Théologie.

NOLLET, né à Pimpré en 1700 , mort à Paris en 1770.

Leçons de Physique expérimentale , 1745 , 6 vol. in-12.

L'Art des Expériences , 1770, 3 vol. in-12.

Essai sur l'Electricité , 1750 , 1 vol. in-12.

Lettres sur l'Electricité , 1760 , 3 vol. in-12.

Programme d'un Cours de Physique expérimentale, 1738 , 1 vol. in-12.

Recherches sur les Phénomènes électriques , 1749 , 1 vol. in-12.

D'OLIVET, né à Salins en 1682 , mort en 1768.

Entretiens de Ciceron sur la nature des Dieux, trad., 1765 , 2 vol. in-12.

Philippiques de Démosthènes et Catilinaires de Ciceron, traduites avec le président Bouhier , 1765, 1 vol. in-12.

Histoire de l'Académie française, pour servir de suite à celle de Pelisson, 1 vol. in-12.

Tusculanes de Ciceron, trad. avec Bouhier, 1766, 2 vol. in-12.

Pensées de Ciceron pour servir à l'éducation de la jeunesse, 1 vol. in-12.

Superbe édition latine des Œuvres de Ciceron, 1742, 9 vol. in-4.º

PALISSOT, né à Nancy en 1730....

L'Apollon Mentor, ou le Télémaque moderne, 1748, 2 vol. in-12.

Coup-d'œil sur les ouvrages modernes, 1751, 1 vol. in-12.

Histoire des Rois de Rome, 1753, 1 vol. in-12; seconde édition sous le titre : Histoire raisonnée des premiers siècles de Rome, 1756, 2 vol in-12.

Le Cercle, ou les Originaux, comédie en un acte, en prose, 1755, in-8.º

Petites Lettres sur les grands Philosophes, 1757, 1 vol. in-12.

Le Barbier de Bagdad, comédie en 1 acte, 1758, in-8.º

Les Philosophes, comédie en 3 actes, en vers, 1760, in-12 ; nouvelle édition, 1782, in-8.º

Les Méprises ou le Rival par ressemblance, comédie en 5 actes et en vers, 1762, in-12.

La Dunciade ou la Guerre des Sots, poëme en dix chants, 1764, in-8.º Beaucoup d'éditions, 1790, in-18, an VII, in-18.

L'Homme dangereux ou le Critique, comédie en 3 actes, en vers, 1177--1782, in-8.º

Les Courtisannes, ou l'Ecole des Mœurs, 1775, in-8.o ; sous le titre : l'Ecueil des Mœurs , 1782 , in-8.o

Mémoires pour servir à l'Histoire de notre Littérature , depuis François premier jusqu'à nos jours , 1775 , in-8.o

Eloge de Voltaire , 1778 , in-8.o

Editeur des Œuvres de Voltaire en 55 vol. in-8.o

PANARD, né à Couville en 1691 , mort en 1765.

Théâtre et Œuvres diverses de M. Panard. Paris ; 1763 , 4 vol. in-12.

PASCAL, né à Clermont en 1623, mort en 1662.

Les Provinciales en français, latin , espagnol et italien. Cologne , 1684, 1 vol. in-8.o

Traité de la Roulette , par A. Dettonville , 1658, 1 vol. in-4.o

Traité de l'Equilibre des liqueurs et de la Pesanteur de la masse de l'air, par Pascal , 1663, 1 vol. in-12 , fig.

Pensées de Pascal. Paris , 1676 , 1 vol. in-12.

Toutes ses Œuvres , (publiées par M. L. Bossut.) La Haye , 1779 , 5 vol. in-8.o , fig.

PASTORET, né à Marseille en 1756.

— Elégies de Tibulle , traduction nouvelle avec des notes , et les meilleures imitations qui ont été faites en vers français , 1783 ; 1 vol. in-8.o

Zoroastre, Confucius et Mahomet , comparés comme sectaires , législateurs et moralistes , avec le tableau de leurs lois et de leur morale, 1787 , 1 vol. in-8.o

Moyse considéré comme législateur et comme moraliste, 1788 , in-8.o

Des Lois pénales, 1790, 2 vol. in-8.º

Plusieurs discours académiques.

PAULIAN, né à Nîmes en 1722.

Dictionnaire de Physique, 1761, 3 vol. in-4.º; dernière édition, 1789, 5 vol. in-8.º

Conjectures nouvelles sur les Causes physiques des Phénomènes électriques, 1762, 1 vol. in-4.º

Traité de paix entre Descartes et Newton, 1763, 3 vol. in-12.

L'Electricité soumise à un nouvel Examen, 1762, 2 vol. in-12.

Analyse des infinimens petits du marquis de l'Hôpital, avec un commentaire pour l'intelligence des endroits les plus difficiles de cet ouvrage, 1768, 1 vol. in-8.º

Système général de Philosophie, extrait de Descartes et de Newton, 1769, 4 vol. in-12.

Dictionnaire philosophico-théologique portatif, 1774, 1 vol. in-8.º

Le Guide des jeunes Mathématiciens, etc., 1772, 2 vol. in-8.º

Le véritable Système de la Nature, 1788, 1 vol. in-8.º

PÉROUSE (la), né à Alby en 1741, mort......

Voyage autour du Monde pendant les années 1785-88, publié par ordre du Gouvernement. Paris, an VI; 4 vol. grand in-4.º, ou 4 vol. in-8.º, avec un atlas in-folio contenant 71 cartes.

Relation abrégée du Voyage de la Pérouse. Leipsick, 1799, 1 vol. in-8.º, fig.

PIRON, né à Dijon en 1689, mort en 1771.

Gustave, tragédie, 1733, in-8.o

La Métromanie, comédie en vers, en 5 actes, 1738, in-8.o

Callisthènes, tragédie, 1730, in-8.o

Fernand Cortez, tragédie in-8.o

Beaucoup de petits opéras, des comédies, des pièces fugitives, etc. On a donné en 1776 toutes ses œuvres en 7 vol. in-8.o, ou 9 vol. in-12.

PLUCHE, né à Reims en 1688, mort en 1761.

Le Spectacle de la Nature, 1745, 9 vol. in-12, fig.

Histoire du Ciel. Paris, 1778, 2 vol. in-12, fig.

De Linguarum artificio, traduit sous le titre de la Méchanique des Langues, 1751, 1 vol. in-12.

Concorde de la Géographie des différens âges. Paris, 1764, 1 vol. in-12.

Harmonie des psaumes, etc. 1 vol. in-12.

POETES ÉPIQUES, par ordre chronologique.

HOMÈRE, Grec, a composé ses poëmes à-peu-près 1000 ans avant J. C. L'*Iliade* en 24 chants, et l'*Odyssée* aussi en 24 chants. Ils ont été traduits par madame Dacier, par Lebrun, par Bitaubé, par Gin, et en vers par Rochefort.

LUCRÈCE, Latin, 100 ans avant J. C. *De rerum Naturâ*, poëme en six livres.

L'édition latine donnée par Coutellier, 1774, 1 vol. in-12, est très-bonne. On estime la traduction de Lagrange. Paris, 1768, 2 vol. in-8.o, fig.

Virgile, Latin, 70 ans avant J.-C. L'*Énéide*, poëme
en 12 chants.

Lucain, Latin, 39 ans depuis J.-C. *La Pharsale*,
poëme en 10 chants, trad. par Marmontel. Paris,
1766, 2 vol. in-8.º ; et en vers français par Brébeuf.

Pétrone, Latin, à-peu-près dans le même tems que
Lucain. Poëme sur *la Guerre civile*, traduit par
le président Bouhier. Amsterdam, 1737, 1 vol. in-4.º

Silius-Italicus. Latin, 68 ans depuis J.-C. Le poëme
de *la seconde Guerre punique*, en dix-sept livres,
dont l'édition latine d'Alde, 1523, in-8.º, et celle
d'Utrecht, 1717, in-4.º, sont estimées.

Statius (*Publius-Papinius*), Latin, 100 ans depuis J.-C.
Les poëmes de *la Thébaïde* en douze livres, et
l'*Achilleïde* en deux livres. On a en outre de lui
les *Sylves* en cinq livres. Cet auteur a été traduit
par l'abbé de Marolles. Paris, 1658, 3 vol. in-8.º
(latin et français.)

Le Trissin (*Jean-George*), Italien, 1478. *Italia liberata da Gothi*, poëme en vingt-sept chants. L'é-
dition italienne donnée par l'abbé Antonini. Paris,
1729, 3 vol. in-8.º, est très-bonne.

Camoens (*Louis* de), Portugais, 1524. *La Lusiade*,
poëme héroïque en dix chants, traduit en français
par Duperron-Castéra. Amsterdam, (Paris) 1735,
3 vol. in-12, fig., et par La Harpe, 1776, 2 vol.
in-8.º

Arioste (*Louis*), Italien, 1533. *Roland le Furieux*,
poëme en 46 chants. Il a été traduit par Rosset,

1 vol. in-4.o ; par Lesage , 1720 , 2 vol. in-12 ;
par Mirabaud , 1741, 4 vol. in-12 , et par Tressan ,
1780 , 5 vol. in-12.

Le Tasse , Italien , 1544. *Jerusalem liberata* , poëme
en 20 chants. Il a été traduit en prose , en français , 1595, 1 vol. in-4.o ; par Baudouin , 1648 ,
1 vol. in-8.o ; par Mirabaud , 1724 , 2 vol. in-12 ;
et par Lebrun , 1774 , 2 vol. in-12 ; et en vers
français, en cinq chants ; par Leclerc, Paris , 1667 ,
in-4.o ; par Vincent Sablon , Paris , 1671 , 2 vol.
in-16 , fig. ; et par Baour-Lormian , 1795 , 2 vol.
in-8.o

Alonzo d'Ercilla *y Cunega* , Espagnol , 1590 ;
Araucana , poëme en 36 chants.

Jean Milton , Anglais , 1608. *Le Paradis perdu* ,
poëme en douze chants , et *le Paradis reconquis* ,
poëme en quatre chants. Traduction en français de
ces deux poëmes , avec les remarques d'Adisson.
Paris , 1778 , 3 vol. in-12.

Fénélon , Français , 1651. *Télémaque* , poëme en prose ,
en vingt-quatre livres.

Voltaire . Français , 1723. *La Henriade* , poëme en
dix chants. Il existe beaucoup de belles éditions de
la Henriade. Celle de Palissot passe pour la plus
correcte ; Londres, (Paris) , Moutard , 1784 , gr.
in-8.o *La Pucelle* , du même auteur , en vingt-un
chants , peut aussi passer pour un poëme épique ;
l'édition de Buckingham , gr. in-8.o est très-belle.

Klopstock , Allemand , 176.... *La Messiade* , poëme

en dix chants , traduit en français. Paris, 1769 ;
2 vol. in-12.

BITAUBÉ , Français. — *Guillaume de Nassau* , poëme
en dix chants. Il est aussi l'auteur de *Joseph* ,
poëme en neuf chants.

MASSON , français , — *Poëme des Helvétiens* , en huit
chants , an VIII , 1 vol. in-12.

PUFENDORFF , né à Fleh en 1631 , mort à
Berlin en 1694.

Le Droit de la Nature et des Gens , traduit par
Barbeyrac , 1750 , 2 vol. in-4.º
Introduction à l'Histoire de l'Univers , 1753 , 8 vol.
in-4.º
Histoire de Charles-Gustave, roi de Suède , 1697 ,
2 tomes in-folio.
Histoire de Suède , depuis l'expédition de Gustave-
Adolphe en Allemagne , jusqu'à l'abdication de Chris-
tine , c'est-à-dire , depuis 1628 jusqu'en 1654.
Elementorum Jurisprudentiæ universalis , *libri duo.*
Severini de Mozambano , *de statu Imperii Germanici,*
1 vol. in-12.
Dissertations académiques , etc. , etc.

RABELAIS , né à Chinon en 1483 , mort en 1553.

Œuvres complettes. Bastien , 1783 , 2 vol. in-8.º
Ce libraire vient d'en donner une superbe édition en
2 vol. in-fol., in-4.º , ou 3 vol. in-8.º avec 76 gravures.

CLEMENCET , né à Painblanc en 1704 , mort à
Paris en 1778 ,

ET CLEMENT, né à Brezé, en 1714, mort à Paris en 1794.

L'Art de vérifier les Dates ; 3.ᵉ et dernière édition, 3 vol. in-fol. Le premier a paru en 1783, le second en 1784, le troisième en 1787, et les Tables en 1792.

Clement a laissé des manuscrits pour une nouvelle édition de l'Art de vérifier les Dates, et pour un ouvrage sur l'Art de vérifier les Dates avant J.-C.

ROZIER, né à Lyon en 1734, mort en 1793.

Cours complet d'Agriculture, 1783-1796, 9 v. in-4.°, fig. Le dixième et dernier volume vient de paraître.

Le Manuel du Jardinier, 1795, 2 vol. in-18.

Beaucoup de mémoires sur l'Economie rurale.

Il a beaucoup contribué aux succès du Journal de Physique commencé par d'Agoty en 1752, et continué par Mongez.

SAINT-FOIX, né à Rennes en 1698, mort à Paris en 1776.

Pandore, comédie en un acte, en prose, 1721, in-8.°

La Veuve à la Mode, en 3 actes, en prose, 1725, in-8.°

Le Philosophe, dupe de l'Amour, en 1 acte, en prose, 1726, in-8.°

Le Contraste de l'Amour et de l'Hymen, en 3 actes, en prose, 1727, in-8.°

L'Oracle, en 1 acte et en prose, 1740, in-8.°

Pyrrha et Deucalion, en 1 acte, 1741, in-8.°

Le Sylphe, en 1 acte et en prose, 1743, in-8.°

L'Isle Sauvage, en 3 actes et en prose, 1743, in-8.°

Les Grâces, en 1 acte, 1744, in-8.o

Julie ou l'Heureuse Epreuve, en 1 acte, 1746, in-8.°

Egérie, en un acte, 1747, in-8.o

Arlequin au Sérail, en 1 acte, 1747, in-8.o

Les Métamorphoses, en 4 actes, 1748, in-8.o

La Colonie, en 3 actes, 1749, in-8.o

Le Rival supposé, en 1 acte, 1749, in-8.o

Les Hommes, en 1 acte, 1753, in-8.o

Le Derviche, en 1 acte, 1755, in-8.o

Le Financier, en 1 acte, 1761, in-8.o

Essais historiques sur Paris, dernière édition, 1776, 6 vol. in-12.

Lettres Turques, 1750, 1 vol. in-12.

Histoire de l'Ordre du Saint-Esprit, 1767, 2 v. in-12.

SAVERIEN, né à Arles en 1721.

Discours sur la Navigation et sur la Manœuvre des vaisseaux, 1744, 2 vol. in-4.o

Recherches historiques sur l'Origine et les Progrès de la construction des navires des anciens, 1744, 1 vol. in-4.°

L'Art de mesurer sur mer le sillage des vaisseaux, 1750, 1 vol. in-8.°

Description et usage des Sphères et Globes, 1750, 1 vol. in-12.

Traité des Instrumens pour observer les astres sur mer, 1752, 1 vol. in-12.

Dictionnaire de Mathématiques et de Physique, 1753, 2 vol. in-4.°

Histoire critique du Calcul des Infinimens petits, 1754, 1 vol. in-8.°

Dictionnaire historique , théorique et pratique de Marine , 1758, 1 vol. in-8.º

Histoire des Philosophes modernes , avec leurs portraits ou allégories , 1762 , 1769 , 8 vol. in-4.º ou in-12.

Histoire des Progrès de l'esprit humain dans les sciences exactes et dans les arts qui en dépendent , 1769, 1 vol. in-8.º

Histoire des Philosophes anciens jusqu'à la renaissance des lettres , avec leurs portraits , 1771, 5 vol. in-12.

SCARRON , né à Paris en 1610, mort en 1660.

Ses Œuvres ont été recueillies par Bruzen de la Martinière , en 10 vol. in-12, 1737 ; et par Bastien , en 7 vol. in-8.º , en 1786.

Il a fait l'Enéide travestie , Typhon ou la Gigantomachie , des Comédies , le Roman comique , des Nouvelles espagnoles , des Poésies fugitives , des Lettres , etc.

SWIFT , né à Dublin en 1667 , mort en 1745.

Cadenus et Vanessa , poëme.

Les Voyages de Gulliver à Liliput , et traduits par Desfontaines ; 2 vol. in-12.

Le Conte du Tonneau , par Van-Effen , 1 vol. in-12.

Le grand Mystère , ou l'Art de méditer sur la garderobe , avec des Pensées hardies sur les Etudes , la Grammaire , la Réthorique et la Poétique , traduit par Lesage , 1729, 1 vol. in-8.º

Production d'Esprit , contenant tout ce que les Arts et les Sciences ont de rare et de merveilleux ; 1736, 2 vol. in-12.

La Guerre des Livres.

Les Lettres du Drapier, Journal, etc.

THOMPSON, né à Eden en Ecosse, mort en 1748.

Les Saisons, poëme, trad. par madame Bontems, 1759, 1 vol. in-8.º

Un Hymne au Créateur, traduit par l'abbé Yart.

Le Panégyrique de Newton, en vers.

Plusieurs pièces de Théâtre.

Ses Œuvres, en anglais, sont imprimées à Londres, 1762, 2 vol. in-4.º

THOU (de), né à Paris en 1553, mort en 1617.

Histoire de son tems, depuis l'an 1543 jusqu'en 1607, en 138 livres, (latin). Londres, 1733, 7 vol. in-fol.; traduite en français, Paris, 1749, 16 vol. in-4.º, et Hollande 11 vol. in-4.º

De re accipitraria, poëme en trois livres, 1584, 1 vol. in-4.º

Poésies sur le Chou, la Violette, le Lys et autres fleurs, 1611, 1 vol. in-4.º

Poemata sacra. Paris, 1599, 1 vol. in-8.º

Vie de de Thou, par Durand, 1 vol. in-8.º

TOURNEUR (le), né à Valogne en 1736, mort à Paris en 1788.

La jeune Fille séduite et le Courtisan Hermite; contes traduits de l'anglais, 1769, 1 vol. in 8.º

Les Nuits et Œuvres diverses d'Young, traduites de l'anglais, 1770, 4 vol. in-8.º

Méditations sur les Tombeaux, trad. de l'anglais d'Hervey (avec Peyron,) 1770, 1 vol. in-8.º

Théâtre de Shakespeare, traduit de l'anglais, 1776-1781, 20 vol. in-4.º, ou 20 vol. in-8.º

Ossian, fils de Fingal, poésies galliques, trad. de l'anglais, de Macpherson, an VIII, 2 vol. in-8.º, fig.

Clarisse Harlowe, traduction nouvelle, seule complète, 1784--87, 10 vol. in-8.º

Choix d'Elégies d'Arioste, trad. de l'italien, 1785, 1 vol. in-8.º

Voyage au Cap de Bonne-Espérance et autour du Monde, par André Sparmann, traduit de l'anglais, 1787, 3 vol. in-8.º

La Vie de Frédéric, baron de Trenck, traduit de l'allemand, 1788, 3 vol. in-12.

Mémoires intéressans d'une Lady, 1788, 2 vol. in-12.

Plusieurs autres ouvrages de littérature, des éloges, des discours, etc., etc.

TOUSSAINT, né à ..., , mort à Berlin en 1772.

Les Mœurs, 1771, 3 vol. in-12.
Eclaircissemens sur les Mœurs, 1762, 1 vol. in-12.
Essai sur le Rachat des rentes, 1751, 1 vol. in-12.
Histoire des Passions, 1756, 2 vol. in-12.
La Vie du petit Pompée, traduite de l'anglais, 1752, 2 vol. in-12.
Histoire de Will. Pickle, 1753, 4 vol. in-12.

TURPIN, né en 1709, mort à Paris en 1799.

Vie de Louis de Bourbon, Prince de Condé, 1767, 2 vol. in-12.
Vie du Maréchal de Choiseuil, 1768, 1 vol. in-12.
Histoire du Gouvernement des anciennes Républiques,

où l'on découvre les causes de leur élévation et de leur dépérissement, 1769, 4 vol. in-12.

Histoire civile et naturelle du Royaume de Siam, jusqu'en 1770, 1771, 2 vol. in-12.

Cyrus, tragédie en 5 actes, 1773, in-8.º

Histoire de la Vie de Mahomet, 1773, 2 vol. in-12. En 1780, a paru le 3.e vol.

Histoire de l'Alcoran, où l'on découvre le Système politique du faux Prophète, et les sources où il a puisé sa législation, 1775, 2 vol. in-12.

La France illustre, ou le Plutarque Français, 1775 et 1782, 4 vol.

Les Fastes de la Marine française, 1784, in-8.º

Suite des Révolutions d'Angleterre, par Dorleans, 1736, 2 vol. in-8.º

Histoire de Louis de Gonzague, 1789, 1 vol. in-8.º

Histoire des Hommes publics tirés du tiers-état; 1789, 2 vol. in-8.º

LE VAILLANT, né à Paramaribo en.....

Voyage dans l'intérieur de l'Afrique par le cap de Bonne-Espérance dans les années 1780---1787. Paris, 1789, 2 vol. in-8.º

Second Voyage dans l'intérieur de l'Afrique, 1796, 3 vol. in-8.º

Histoire naturelle des Oiseaux d'Afrique, 1796, première livraison in-fol., ou in-4.º enluminé, ou en noir.

Grande carte d'Afrique.

Vaniere, né à Causse, en 1664, mort à Tou-
louse en 1739.

Prædium rusticum, 1746, 1 vol. in-12.
Traduction par Berland, 1756, 2 vol. in-12.
Opuscula, 1 vol in-12.
Dictionnaire poétique, latin, 1710, 1 vol. in-4.o

Vertot, né en Normandie en 1655, mort à
Paris en 1735.

Histoire des Révolutions de Suède, 1768, 2 v. in-12.
Les Révolutions de Portugal, 1722, 1 vol. in-12.
Les Révolutions romaines, 1737, 3 vol. in-12.
L'Histoire de Malte, 1726, 4 vol. in-12, ou 1752,
5 vol. in-12, ou 1761, 7 vol. in-12.
Des dissertations, des mémoires, etc., etc.

Volney, né en......

Voyage en Syrie et en Egypte pendant les années
1783---85, dernière édition. Paris, an vii, 2 vol. in-8.o
Considérations sur la guerre actuelle des Turcs,
1788, 1 vol. in-8.o Cet ouvrage est joint à la dernière édition du Voyage en Syrie.
Les Ruines ou Méditations sur les Révolutions des
Empires, dernière édition, an vii, 1 vol. in-8.o
La Loi naturelle, ou Catéchisme du citoyen Français, 1793, 1 vol. in-18. Cet ouvrage est joint à la
dernière édition des ruines.
Simplification des Langues orientales. Paris, an iii,
1 vol. in-8.o
Leçons d'Histoire, dernière édition, Paris, an viii,
1 vol. in-8.o

PETITE BIBLIOTHÈQUE PORTATIVE;

OU COLLECTION DE FORMATS IN-18.

———

BIBLIOTHÈQUE universelle des Dames, renfermant les classes suivantes :

Iere. CLASSE. Voyages . . . . 20 vol.
IIe. CLASSE. Histoire ancienne . . 13
    Histoire moderne 17
IIIe. CLASSE. Grammaire 1
    Orthographe et versification . 1
    Logique et réthorique . . . 1
    Mythologie 1
    L'Odyssée, trad. 3
    Poëtes grecs, trad. 3
    Poëtes latins, trad. . . . 5
IVe. CLASSE. Théâtre 13
Ve. CLASSE. Romans 24
VIe. CLASSE. Morale. 17
VIIe. CLASSE. Mathématiques . . 9
VIIIe. CLASSE. Physique et Astronomie. 6
IXe. CLASSE. Histoire naturelle . . 15
Xe. CLASSE. Médecine et musique. . 5
    Atlas 2

Cette collection, qui a paru par souscription, a commencé en 1785, et renferme 156 volumes.

Œuvres complètes de Voltaire, édition de Servière, 30 vol.

Œuvres de J.-J. Rousseau, édition de Paris, 37 vol., figures.

Œuvres complettes de Montesquieu, avec des notes d'Helvétius sur l'Esprit des lois, et des Pensées diverses, extraites des manuscrits de l'auteur. Paris, Didot l'aîné, 1795, 12 vol.

Œuvres de Mably. Paris, Bossange, 1797, 24 vol.

Histoire philosophique et politique des Etablissemens et du Commerce des Européens dans les deux Indes, par G.-Th. Raynal. Genève, 1795, 17 vol.

Histoire naturelle de Buffon, classée par ordre, genres et espèces, suivant le systême de Linné, avec les caractères génériques et la nomenclature linnéenne. Paris, Deterville, an VII, 26 vol., fig.

Œuvres complètes d'Helvétius, nouvelle édition faite sur les manuscrits communiqués par sa famille. Paris, Didot l'aîné, 1795, 14 vol.

Œuvres de Condillac, nouvelle édition. Paris, Batilliot frères, an VII, 25 vol.

Œuvres philosophiques de Cicéron. Paris, Didot, 1795, 10 vol.

Œuvres complètes d'Homère, traduction nouvelle, avec des remarques, précédée de réflexions sur Homère, et sur la traduction des poëtes, par Bitaubé. Paris, Didot l'aîné, 1787, 14 vol.

Joseph, poëme, par Bitaubé, 1797, 2 vol., fig.

Œuvres de Jean-Baptiste Rousseau. Paris, an VI--1797, 5 vol.

Œuvres de Racine. Paris, Didot l'aîné, 1784, 5 vol.

Œuvres complètes de Florian et sa vie. Paris, Didot, 1786 -- 1800, 22 vol., fig., y compris le dernier des œuvres posthumes, contenant Rosalba, plusieurs Fables, Guillaume Tell et la Vie de Florian, par Jauffret.

Œuvres complettes de Berquin. Paris, 55 vol.

Aventures de Télémaque. Paris, Didot l'aîné, 1783, 4 vol.

Discours sur l'Histoire universelle de Bossuet. Paris, Didot, 1784, 4 vol.

Fables de la Fontaine. Paris, Didot, 1787, 2 vol.

Contes et Nouvelles, en vers, par la Fontaine. Paris, Didot, 1795, 2 vol.

Œuvres de Boileau. Paris, Didot, 1788, 3 vol.

Les Saisons, poëme par St.-Lambert. Paris, Didot, 1795, 2 vol.

Collection des Moralistes anciens, donnée par Didot, savoir :

Manuel d'Epictète, 1782, 1 vol.

Morale de Confucius, 1782, 1 vol.

Morale de divers Chinois, 1782, 1 vol.

Morale de Sénèque, 1782, 3 vol.

Morale d'Isocrate, 1782, 1 vol.

Morale de Cicéron, 1782, 1 vol.

Caractères de Théophraste, 1783, 1 vol.

Sentences de Théognis, 1783, 1 vol.

Morale de Socrate, 1783, 2 vol.

Apophthegmes des lacédémoniens, 1794, 1 vol.

Pensées de Plutarque, 1794, 2 vol.

Vies et Apophthegmes des Philosophes grecs, 1795, 1 vol.

Morale de Jésus-Christ, 1790, 2 vol.

Œuvres de Jacques - Henri Bernardin de St.-Pierre. Paris, 1793, 10 vol.

Œuvres de Gessner. Paris, Crapelet, 1797, 3 vol. figures.

Contes de Jean Bocace. Paris, Deterville, 10 vol. fig.

Contes des Fées, ou les Enchantemens des bonnes

et mauvaises Fées , par madame d'Aulnoy. Paris , an v , 1797 , 8 vol.

Côntes et Nouvelles de Marguerite de Valois, reine de Navarre. Paris , Deterville , 8 vol. , fig.

Œuvres complettes d'Henry Fielding , contenant Amélie , Tom-Jones , Roderick - Random , Joseph Andrews , David Simple , Jonatham Vild , et Voyage dans l'autre Monde. Paris , Ouvrier , 23 vol. , fig.

Œuvres choisies de Tressan , contenant Roland l'Amoureux , Roland le Furieux , Petit-Jehan de Saintré , Gerard de Nevers et Zélie l'Ingénue. Paris , 13 vol. , fig.

Lettres d'une Péruvienne , par madame de Graffigny, édition augmentée de 15 Lettres inédites. Paris, Didot , 2 vol. in-18 , fig.

Chef-d'œuvres des auteurs dramatiques ; collection qui a paru par souscription , et qui se continue à Paris chez Belin , 100 vol. avec 33 portraits.

Œuvres de L. F. Jauffret , contenant l'Art épistolaire , les Merveilles du cops humain , le Théâtre de Famille , le Voyage au Jardin des Plantes , le Dictionnaire étymologique , les Charmes de l'Enfance et les Plaisirs de l'Amour maternel. Paris , 11 vol in-18 , fig.

Cet estimable auteur a encore le Courier des Enfans , et les Voyages de Rolando , ouvrages qui paraissent par souscription et périodiquement.

Œuvres de Boulanger. Suisse , 1791 , 10 vol. Promenades instructives d'un Père et de ses Enfans , trad. de l'anglais d'Elisabeth , par Lebas. Paris , 3 vol.

Histoire de Gilblas de Sentillane. Paris , Bertin , an VI , 6 vol. , fig.

Voyage aux sources du Nil et en Abyssinie, traduit de l'anglais, de James Bruce, par P. F. Henry. Paris, Lepetit, an 8, 9 vol., atlas.

Œuvres de Dumarsais. Paris, Langlois, an VIII, 6 vol.

Voyage du jeune Anacharsis en Grèce, par Barthelemy. Paris, 17 vol.

Lettres sur l'Italie, par Dupaty. Paris, Crapelet, 3 vol., fig.

Œuvres de Gail, contenant Bion, Moschus, Républiques de Sparte et d'Athènes, Callimaque, Épictète et Cébès, Mythologie de Lucien, Idylles de Théocrite, Anacréon. Paris, Gail, 12 vol. avec belles gravures.

Collection de petits formats, de Casin. Paris, Richard, Caille et Ravier, rue Haute-Feuille, n.º 11, 298 vol., fig.

CETTE petite Bibliothèque, format in-18, est composée de plus de mille volumes. Nous avouons que, dans le nombre des ouvrages que nous y avons indiqués, quelques éditions sont défectueuses ; mais, comme elles sont les seules qui existent de ce format, nous avons été obligés de les citer : elles sont en très-petit nombre. Nous observerons aussi que la collection de Casin offre la répétition de plusieurs articles que nous avons fait entrer dans cette petite Bibliothèque ; mais ce qui nous a décidé à citer ces éditions particulières, c'est qu'elles sortent des presses de Didot et de Crapelet.

Les éditions stéréotypes se font remarquer par la

beauté du caractère , et par la sévère correction des épreuves. Cette collection , digne de la réputation des éditeurs , sera un jour très-intéressante.

Nous ajoutons aux catalogues précédens une note sur les parties détaillées de l'Encyclopédie méthodique , parce qu'on peut se les procurer séparément.

Agriculture , 7 vol. 54 fr.

Amusemens des Sciences physiques , 2 vol., dont un de planches , 27 fr.

Antiquités , 10 vol. , 72 fr.

Architecture , 2 vol. , 15 fr.

Art aratoire , 1 vol. , 9 fr.

Art militaire, 8 vol. , dont un de planches , 48 fr.

Arts et Métiers , 24 vol. , dont 8 de planches , 198 fr.

Beaux Arts , 4 vol. 30 fr.

Botanique , 16 vol. , dont 8 de planches , 288 fr.

Chasse , 1 vol. , 9 fr.

Chimie , 4 vol. , 48 fr.

Chirurgie , 5 vol. , dont un de planches , 54 fr.

Commerce , 5 vol. , 42 fr.

Economie politique et diplomatique, 8 vol. , 64 fr.

Encyclopédiana , 1 vol. , 15 fr.

Equitation, Escrime , Danse et Art de nager , 2 vol., dont un de planche , 15 fr.

Finances , 3 vol. , 36 fr.

Forêts et Bois , 1 vol. , 9 fr.

Géographie ancienne , 7 vol. , dont un d'atlas , 72 fr.

Géographie moderne , 7 vol. , dont un d'atlas , 72 fr.

Géographie physique , 2 vol. , 15 fr.

Grammaire et Littérature , 6 vol. , 48 fr.

Histoire , 10 vol. , 72 fr.

Histoire naturelle , 26 vol., dont 12 de planch. , 414 fr.

Histoire naturelle des Vers , 3 vol. , dont 1 de planches, 36 fr.

Jeux , 1 vol. , fig. , 10 fr.

Jurisprudence , Police , etc. , 19 vol. , 96 fr.

Logique , 8 vol , 60 fr.

Manufacture , 6 vol. , dont 1 de planches , 72 fr.

Marine , 7 vol. , dont 1 de planches , 72 fr.

Mathématiques , 6 vol. , dont 1 de planches , 72 fr.

Médecine , 13 vol. , 84 francs.

Musique , 1 vol. , 9 fr.

Pêche , 2 vol. , dont 1 de planches , 36 fr.

Philosophie ancienne et moderne, 6 vol. , 48 fr.

Physique , 1 vol. , 15 fr.

Système anatomique de Vic-d'Azir , 1 vol. , 15 fr.

Théologie , 6 vol. , 42 fr.

Nous terminons ici les listes que nous avons extraites du MANUEL BIBLIOGRAPHIQUE , en observant que LA PETITE BIBLIOTHÈQUE MÉTHODIQUE qui commence cet opuscule n'est point destinée à celui qui désirerait une collection d'ouvrages dans chaque partie , telle que la Jurisprudence , la Médecine , etc. ; elle présente seulement un choix de livres propres à composer une Bibliothèque où l'on pût trouver un peu de tout.

LE MANUEL BIBLIOGRAPHIQUE paraîtra sous peu , l'impression en étant presque terminée. Les principaux objets qui le composent sont , le Traité des Bibliothèques anciennes , traduit du latin , de Juste-Lipse ; un petit Supplément sur les Bibliothèques

modernes ; des notices sur la connaissance des livres ;
des formats et des éditions , sur la classification des
livres , sur l'origine de l'art typographique et sur les
principaux imprimeurs ; *la petite Bibliothèque méthodique et son Supplément ;* l'extrait d'un discours sur
la nécessité de l'instruction et sur l'intérêt qu'offre
chaque partie de l'enseignement dans les écoles centrales ; un catalogue des principaux ouvrages relatifs
aux différens cours ; une notice des principaux ouvrages
considérables ou rares , qui ne se trouvent ordinairement que dans les grandes Bibliothèques ; une liste d'ouvrages dont les titres sont originaux , et dont la plupart sont très-rares ; une notice de quelques livres qui
ont été payés exorbitamment cher , tant chez les
anciens que chez les modernes ; un choix d'ouvrages
de droit , de médecine , de botanique et de musique ;
et enfin , un nouveau plan du Manuel du Bibliothécaire.

Ce volume , format in-8.ᵉ, se trouvera aux mêmes
adresses que la petite Bibliothèque. On en a tiré quelques exemplaires sur papier vélin.

TABLE ALPHABÉTIQUE
DES AUTEURS.

www.ingramcontent.com/pod-product-compliance
Lightning Source LLC
Chambersburg PA
CBHW060607100426
42744CB00008B/1350